Simone Mielke
Vom Leben reden

Simone Mielke

Vom Leben reden

Andachten und Gottesdienstentwürfe für die Passions- und Osterzeit

Bibliografische Information der Deutschen Nationalbibliothek:
Die Deutsche Nationalbibliothek verzeichnet diese Publikation in der Deutschen Nationalbibliografie; detaillierte bibliografische Daten sind im Internet über http://dnb.d-nb.de abrufbar.

Umschlaggestaltung: Grafikbüro Sonnhüter, grafikbuero-sonnhueter.de, unter Verwendung eines Bildes von paseven (shutterstock.com)
Lektorat: Anna Böck
DTP: Burkhard Lieverkus
Verwendete Schriften: Chaparral Pro, Myriad Pro
Gesamtherstellung: Dimograf Sp. z o.o., Bielsko-Biała
Printed in Poland
ISBN 978-3-7615-6967-2

www.neukirchener-verlage.de

Inhalt

Ein paar Hinweise zu Beginn

Zwei junge Theologinnen machen in Tübingen Examen. Sie gehen durch die üblichen Hochs und Tiefs, die so ein Examen eben mit sich bringt. Sie helfen einander, lernen gemeinsam, geben sich ehrliches Feedback. Kennen bald die Stärken und Schwächen der anderen. Beide machen Vikariat in Württemberg. Doch während Simone der Region ihres Vikariates treu bleibt und seither Gemeindepfarrerin im ländlichsten Bereich ist, den Württemberg vorzuweisen hat, geht Anna in die EKM, sucht das Abenteuer und findet im Verlag ihre derzeitige Berufung.

Nun – über zehn Jahre später – haben wir wieder gemeinsam an Texten gearbeitet. Haben uns ehrliches Feedback gegeben und gerungen. Es galt, Simones Gottesdienste liturgisch auch für den Rest der EKD zu übersetzen. Dabei wollten wir aber die ursprünglichen Gottesdienste auch mit den Schätzen der württembergischen Tradition erhalten und wahrnehmen, dass spätestens seit Corona ein Bewusstsein in Gemeinden angekommen ist, dass weniger manchmal mehr ist. Jede Pfarrperson entwickelt im Laufe ihres Dienstes ganz eigene liturgische Noten. Manchmal musste Anna sich daran erinnern, dass sie nur Lektorin ist und nicht ihre liturgischen Gewohnheiten durchsetzen muss. Manchmal musste Simone sich daran erinnern, dass nicht überall Hohenlohe ist.

Am Ende des Tages werden Sie die Gottesdienste so anpassen, wie es bei Ihnen vor Ort üblich ist. Dennoch wollen wir hier einige grundsätzliche Bemerkungen machen, warum wir welchen Teil wie liturgisch gestalten und die Veränderungen zur Agende begründen:

- Das stille Gebet am Anfang des Gottesdienstes ist eine württembergische Eigenheit, die es aber auch in andere Gemeinden geschafft hat. Manchmal kommt es auch zwischen Fürbitten und Vater Unser vor. Es lebt von einer liebevollen Hinführung, die den Stille nicht gewohnten Menschen etwas an die Hand gibt, womit sie ihre Gedanken in der Stille beschäftigen können.

- In manchen Regionen von Deutschland ist das Bußgebet oder Schuldbekenntnis sehr üblich, bis dahin, dass die Gemeinde es als liturgisches Stück auswendig mitsprechen kann. Andererorts hat es sich nie durchgesetzt oder wurde irgendwann abgeschafft. In Settings, wo die Gemeinde nicht tief in Tradition verwurzelt ist, eher einmal wechselt oder teilweise aus kirchenferneren Milieus besteht, ist diese liturgische Form nicht so leicht nachvollziehbar. In Württemberg kommt sie meist noch in Verbindung mit und als Vorbereitung auf das Abendmahl vor.

- Wir haben auf eine dritte Lesung neben einer dem Sonntag angepassten Lesung und dem Predigttext verzichtet. Die Erfahrung zeigt, dass auch routinierte Mitfeiernde im Gottesdienst nicht konzentriert drei Bibeltexte wahrnehmen können und durch Verzicht der Fokus mehr auf die verbleibenden Texte gelenkt wird. Dadurch fällt das Halleluja weg, das in der Passionszeit sowieso meist entfällt.

- In Simones Gemeinden wird vor dem Segen als Segensbitte die vierte Strophe von EG 171 „Bewahre uns, Gott“ gesungen. Wir haben das nicht jedes Mal hingeschrieben. Auch hier gilt, was vor Ort üblich ist. Manche Gemeinden wechseln jedes Kirchenjahr zu einer neuen Liedstrophe, andere haben einen liturgischen Aufruf zum Segen, wieder andere fordern die Gemeinde einfach nur auf, sich unter Gottes Segen zu stellen.

- Die Liedauswahl, sofern sie nicht im Stammteil des EG steht, findet sich entweder im Regionalteil von Württemberg oder in deren Ergänzungsband „Wo wir dich loben, wachsen neue Lieder plus" (NL). Sollten Sie Lieder nicht ersetzen wollen und finden Sie aber bei Ihnen nicht, hilft https://liederdatenbank.strehle.de/ weiter und verrät, wo man ein Lied finden kann.

- Es gibt auch einen online-Bereich mit manchen Gottesdiensten als digitale Vorlage zum Bearbeiten und weiter verwenden: https://neukirchener-verlage.de/system-menu-oben/service/download-material.html Passwort: Christisterstanden

Nun wünschen wir eine gute Passions- und Osterzeit, in der Sie vom Leben reden: Leben, dass Jesus uns in seiner Auferstehung schenkt und Leben, das alle in der Gemeinde jeden Tag erleben.

Simone Mielke,
Pfarrerin in Creglingen

Anna Böck,
Lektorin im Neukirchener Verlag

Andacht für den Gemeindebrief

Es wird Frühling. Die ersten Gänseblümchen leuchten schon seit einer ganzen Weile auf den grünen Wiesen. Auch wenn ich heute meist achtlos an ihnen vorbeigehe, erinnern sie mich manchmal daran, wie wir als Kinder Kränze daraus geflochten haben oder dieses schöne Spiel gespielt haben: Er liebt mich, er liebt mich nicht, er liebt mich, er liebt mich nicht ... Wenn nach dem letzten „er liebt mich nicht“ kein Blütenblatt mehr übrig war, dann wurde eben schnell eine neue Blume gepflückt, bis das Ergebnis gepasst hat.

Er liebt mich, er liebt mich nicht ...

Lange ist es her, dass ich für dieses Spiel eine arme Blume zerrupft habe. Das Spiel aber spiele ich manchmal immer noch – mit Gott.

Ich habe einen Menschen gefunden,
der zu mir passt –
Gott liebt mich

Ich musste einen Menschen beerdigen,
der mir sehr nahe stand –
Gott liebt mich nicht

Ich habe eine wunderbare Arbeitsstelle –
Gott liebt mich

Ich wurde nicht gesund,
obwohl ich lange gebetet habe –
Gott liebt mich nicht

Ich habe einen Urlaub gebucht,
auf den ich mich wahnsinnig freue –
Gott liebt mich

Ich wurde im Urlaub beklaut –
Gott liebt mich nicht

Was für ein dummes Spiel! Nur: wenn wir es mit Gänseblümchen spielen, dann wissen wir, dass es ein Spiel und keineswegs die Realität ist. Bei der zweiten Variante wissen wir es nicht. Denn irgendwo in uns schlummert oft die Überzeugung: Wenn Gott mich liebt, dann muss das daran erkennbar sein, dass es mir gut geht. Und wenn es mir nicht gut geht und sich meine Wünsche nicht erfüllen, dann kann Gott mich gar nicht lieben. Ist das so?

Gott gibt uns heute eine Liebeserklärung, die dem widerspricht: Jesus Christus spricht: Wie mich der Vater geliebt hat, so habe auch ich euch geliebt. Bleibt in meiner Liebe! (Joh 15,9)

Wir brauchen keine Gänseblümchen und auch kein anderes Orakel. Gottes Wort ist eindeutig: Gott liebt uns. An Jesus können wir sehen, was das heißt: dass Gottes Ja zu uns unbedingt gilt, dass er uns gedacht und gewollt hat. Das kann durchaus auch heißen, dass sich unsere Pläne und Wünsche nicht verwirklichen und dass es uns richtig elend gehen kann. In der Zeit vor Ostern werden wir uns wieder ganz bewusst an das Leid erinnern, das Jesus in Folter und Kreuzigung erlebt hat. Und doch steht gerade über diesem Leid die Gewissheit: Gott liebt seinen Sohn. Seine Liebe ist so stark, dass sie das

Leid und den Tod am Ostermorgen besiegt. Und diese Liebe gilt auch jedem von uns. Das ist gewiss.

Was ich nicht weiß, ist: ob Gott wohl ab und zu auch mit einem Gänseblümchen dasitzt und vor sich hinmurmelt: Sie liebt mich, sie liebt mich nicht …? Denn manchmal handle ich so, als würde ich ihn zurücklieben. Dann wieder, als würde er mir nichts bedeuten. Sein größter Wunsch aber ist, dass ich seine Liebe erwidere: Bleib in meiner Liebe! Sagt er. Amen.

Septuagesimä

Glockengeläut und Musik zum Eingang

Votum
Wir feiern diesen Gottesdienst im Namen des Vaters und des Sohnes und des Heiligen Geistes. Amen.

Begrüßung und Wochenspruch
Herzlich willkommen zum Gottesdienst! Septuagesimä heißt dieser Sonntag – 70 Tage sind es noch bis Ostern. Dabei ist Weihnachten doch gerade erst vorbei! Ganz schön flott geht das und man kommt dabei vielleicht ins Schwitzen. Tja, das Leben ist ein Wettrennen gegen die Zeit und selbst mit Gott an unserer Seite kann es anstrengend und hektisch sein. Das werden wir nachher von Paulus hören. Das Gute ist: am Ende zählt nicht unsere Leistung, sondern Gottes Gnade. Oder, wie es der Wochenspruch sagt:

Dan 9,18

Lied: 452,1-3 „Er weckt mich alle Morgen"

Psalm 31 und Ehre sei dem Vater

Kyrie

Gloria

Tagesgebet
Herr, unser Gott,

wieder liegt eine Woche hinter uns. Manche Tage waren angefüllt mit Arbeit und Hast. Manche Tage waren erfüllt von Begegnungen und Erlebnissen. Manche Tage waren traurig und leer. Wir bringen sie dir. Nimm von uns, was uns belastet. Lass uns spüren, dass du unsere Zeit und uns selbst in deinen Händen hältst. In der Stille vertrauen wir uns dir an.

Stille
Meine Zeit steht in deinen Händen. (Ps 31,16) Amen.

Schriftlesung
Kurz und trotzdem eindringlich sagt uns die Schriftlesung heute, worauf es im Leben letztlich ankommt: Jer 9,22f

Glaubensbekenntnis

Lied: 409,1+5-8 „Gott liebt diese Welt"

Predigt
Diese Predigt zitiert immer mal wieder den Predigttext. Dabei wird auf die Übersetzung „Neues Leben" zurückgegriffen.

Wenn Sie jetzt nicht hier in der Kirche säßen, sondern zuhause vor dem Fernseher, könnten Sie in der ARD die Sportschau gucken. Schön, dass Sie es nicht tun! Aber viel verpassen Sie in der nächsten Stunde auch nicht, notfalls können Sie noch den ganzen Nachmittag und Abend über zuschauen, wie bunt gekleidete Menschen in einem Wahnsinnstempo durch den Schnee jagen. Normalerweise interessiert mich das nicht so. Wenn, dann fasziniert mich noch am ehesten Biathlon, diese Mischung aus Langlauf und Schießen. Mal kommt es auf das Tempo an und es geht rasant durch die Kurven, dann wieder ist Präzision gefragt. Fehler werden mit Strafrunden geahndet und so kann es ganz schnell passieren, dass die Person, die vorne lag, plötzlich hinter den anderen landet. Und am Ende – das ist klar – kann nur eine Erste sein. Nur eine wird am Ende ganz oben auf dem Podest stehen und freudestrahlend die Medaille in Empfang nehmen. Das Publikum jubelt und schwenkt dazu Fahnen – was für ein Moment!

Auf dem Podest ist nur Platz für einen Menschen und das fand ich immer schon etwas traurig. Denn all die anderen, die sich ebenso angestrengt haben, die genauso hart trainiert haben, die genauso diszipliniert waren – sie gehen leer aus. Für manche ist es besonders bitter, weil sie nur um Sekundenbruchteile zu langsam waren. Andere haben sich vielleicht verletzt und müssen nun nicht nur ihre Schmerzen aushalten, sondern auch die Aussicht auf einen langwierigen Heilungsprozess. Und meistens zeigen die Kameras am Ende beide Seiten: die Jubelnden und die, die verloren haben. Beide gehören zu jedem Wettkampf dazu. Im Grunde zeigt dieser Wettkampf ja nur im Kleinen, was wir auch im Leben entdecken: da gibt es Erfolgreiche, die Familie und Beruf perfekt meistern. Und es gibt diejenigen, die unter ihrem Versagen leiden und zuschauen müssen, wie andere Anerkennung bekommen, während sie leer ausgehen. Und so merkwürdig es klingt: scheinbar gilt das nun auch für den Glauben. Der Apostel Paulus – eigentlich eher bekannt dafür, dass er körperlich nicht in der besten Verfassung war – beschreibt das Christsein als einen sportlichen Wettkampf:

Lesung: 1. Kor 9,24-27

Lauft so, dass ihr gewinnt! schreibt Paulus und man kann sich durchaus wundern. Ist das Leben als Christ wirklich wie so ein Biathlon-Kampf? Die eine gewinnt, der andere verliert. Manche bleiben auf der Strecke, müssen verletzt aufgeben und zusehen, wie die anderen an ihnen vorüberziehen. Man müht und plagt sich und am Ende bleibt nichts als der schwache Trost, dass man wenigstens dabei war? Das kann doch nicht wahr sein! Es ist doch schon schlimm genug, dass uns für so viele andere Bereiche unseres Lebens eingeredet wird, dass alles immer besser und schneller werden soll: die Arbeit, unsere Anstrengung um unsere Gesundheit, auch was die Organisation in der Familie betrifft, fühlen wir uns oft unter Druck, mindestens genauso gut und erfolgreich zu sein, wie andere es scheinbar sind. Und das soll jetzt auch noch für den Glauben gelten?

Nicht ganz. Denn die Frage ist ja, welches Ziel erreicht werden soll. Paulus schreibt: Jeder Athlet übt strenge Selbstdisziplin. Er tut das allerdings, um einen Preis zu erringen, dessen Wert verblassen wird – wir aber tun es für einen ewigen Preis. Es geht im Glauben also nicht um Medaillen und nicht um Pokale. Die stauben irgendwann in einer Vitrine vor sich hin, während derweil neuere und wichtigere Preise verliehen werden. Der Preis, der für den Glauben verliehen wird, ist dagegen einer, der seinen Wert und seine Aktualität nicht verliert: es ist ein Leben erfüllt und bestimmt von Gott; ein Leben, das auch nach dem Tod nicht endet.

Das Besondere daran ist, dass uns dieser Preis eigentlich schon gleich an der Startlinie versprochen wird. Bei der Taufe sagt uns Gott: Du bist mein geliebtes Kind und nichts kann dich von mir trennen – nichts in diesem Leben und nicht einmal der Tod. Allerdings weiß jeder, der sich ein paar Schritte von dieser Startlinie entfernt hat, dass der Glaube an Gott kein Selbstläufer ist. Gott sagt wohl: ich bin bei dir. Die Frage ist, ob wir das Leben mit Gott wollen. Es gibt genügend Menschen, die getauft sind, denen Gott aber ziemlich egal ist. Ob er da ist oder nicht, macht keinen Unterschied für sie. Und erst recht hat es keine Auswirkung auf ihr Leben. Diese Menschen bleiben quasi an der Startlinie stehen. Andere haben immerhin in den ersten Jahren nach der Taufe an Gott geglaubt, haben gebetet, waren vielleicht in der Kinderkirche. Aber irgendwann haben sie angefangen, diesen Glauben zu hinterfragen. Der Gott ihrer Kindheit schien ihnen fremd, die alten Rituale wirkten verstaubt und Sonntagmorgens war das Ausschlafen viel attraktiver als der Gottesdienst. Ein Leben mit Gott? Wozu? Es ist, als hätten diese Menschen das Rennen begonnen und wären dann irgendwann einfach abgebogen, raus aus der vorgegebenen Bahn, einmal quer übers Spielfeld. Und dann gibt es natürlich auch im Glauben die tragischen Fälle. Menschen, die ihren Glauben ernst nehmen, bis sie ein schweres Unglück trifft. Die Frage nach dem Warum, die Erschütterung über diese Ungerechtigkeit bringt sie ebenso zu Fall, wie wenn im Biathlon jemand über die eigenen Skier fährt und man abrupt ausgebremst wird. Manchmal geht es trotzdem gut, und sie können wieder aufstehen und weitermachen. Manchmal ist die Verletzung zu heftig und nichts geht mehr. Ja, auch auf dem Weg des Glaubens kommen nicht alle unbeschadet ans Ziel. Leider. Und doch vertraue ich Gottes großer Barmherzigkeit, dass er auch diesen Menschen am Ende gnädig begegnet und sie nicht mit einem Trostpreis abspeist.

Wo auch immer wir uns gerade auf dem Lauf unseres Glaubens befinden: Ob wir bei Hindernissen aufgeben müssen hat auch mit unserer Vorbereitung zu tun. Denn den Glauben kann man trainieren. Im Biathlon weiß man: untrainiert braucht man den Wettkampf gar nicht angehen. Die Leistung lässt dann zu wünschen übrig und auch das Verletzungsrisiko ist viel höher. Nein, wer gewinnen möchte, beginnt am besten schon in seiner Jugend damit in Vereinen zu trainieren, wöchentlich und später auch täglich. Viele beginnen erst mit Langlauf, später kommt das Schießen dazu und alles wird begleitet von Übungen wie Gewichtheben, die die Muskeln aufbauen und stärken. Selbstverständlich achten Athletinnen und Athleten auf das, was sie essen. Es soll ihre Leistung fördern und sie weder krank noch dick noch behäbig machen. Kein Wunder, dass man dazu die Unterstützung von allen Seiten braucht!

So ähnlich sieht es auch im Glauben aus. Ein Glaube, der durch das Leben trägt. Ein Glaube, der Halt gibt und die Gewissheit, dass Gott es gut mit mir meint. Ein Glaube, der auch Zweifel überlebt – ein solcher Glaube fällt nicht vom Himmel. Er wächst heran und wird im Idealfall immer stärker, oft beginnt er in früher Kindheit. Die meisten Kinder haben ein Gespür dafür, dass es einen Gott gibt. Und viele haben ein kindliches Vertrauen darauf, dass Gott alle ihre Gebete hört und beantwortet. Dieser Glaube ist eine wunderbare Gabe, die im Laufe der Zeit auf erste Widerstände trifft. Eigentlich das Beste, was passieren kann. Denn durch Widerstände und Niederlagen wird man letztlich gestärkt. Aber man braucht dazu die Unterstützung anderer, sonst verliert man die Lust am Sport und das Vertrauen in sich selbst. Genauso brauchen wir im Glauben die Unterstützung anderer, die uns helfen, unseren Glauben zu bewahren und ihn zu stärken. Unweigerlich wird sich der Glaube dabei verändern, aber das ist normal: Heute glaube ich anders als vor 20 Jahren und wer weiß, wie es nächstes Jahr sein wird. Wie können wir uns da gegenseitig begleiten?

Kinder brauchen Eltern, Großeltern, Patinnen und Paten, die ihnen vom Glauben erzählen und ihnen beibringen, wie man betet. Heranwachsende brauchen Vorbilder, die ihnen vorleben, dass es sich lohnt auf Gott zu vertrauen. Und wir alle brauchen Menschen, die uns stärken, wenn Zweifel und Fragen in uns wachsen. Wir brauchen einander, um gemeinsam Gottesdienst zu feiern und Gottes Gegenwart im Abendmahl zu erleben. Und wir brauchen einander zur Ermutigung, indem wir uns erzählen, wie Gott in unserem Leben wirkt. Denn er hat das ja nicht nur zu biblischen Zeiten getan, sondern tut es immer noch: Er beantwortet Gebete. Er zeigt Menschen deutlich, welcher Weg für sie gut ist. Er gibt Menschen Kraft, ihre schwere Situation zu tragen. Und ja, das wissen wir alles – zumindest theoretisch. Aber wir brauchen doch auch die Gewissheit, dass das alles tatsächlich auch heute noch geschieht, hier bei uns, bei Ihnen, bei mir. Und woher sollen wir das wissen, wenn wir einander nichts davon erzählen? Ja wir brauchen einander zur Ermutigung – nicht als Konkurrenz, wer den stärkeren Glauben hat, sondern als Trainingsgruppe, die sich gegenseitig anfeuert und unterstützt.

Und noch etwas hilft dabei, den Glauben zu trainieren: die richtige Nahrung, d.h. das, was wir lesen und hören. Es gibt so vieles, was wir jeden Tag an uns heranlassen und was unsere Gedanken beeinflusst und unser Empfinden prägt. Manches macht uns Angst, anderes gibt uns Hoffnung. Manches ist einfach nur Ablenkung und dröhnt uns voll, anderes bringt uns zum Nachdenken und lässt uns Dinge klarer sehen. Wir müssen nicht alles schlucken, was auf uns einprasselt. Wir können durchaus selbst entscheiden, was unser Denken mitbestimmt, z.B. indem wir in der Bibel lesen, eine Andacht im Radio hören oder uns sonntags im Gottesdienst Gottes Wort öffnen. Es braucht – ja, Disziplin. Von alleine begegnen uns Gottes Worte selten, wir müssen sie schon bewusst suchen. Manchmal ist es mühsam, sie zu verstehen. Aber wer sich darauf einlässt, der merkt, wie sich seine Sicht auf die Welt und auch das Denken verändert. Er oder sie sieht beispielsweise Gottes Wirken deutlicher oder das Vertrauen, dass er es gut meint, wächst. Nicht an jedem Tag gleich – bei jedem Training gibt es gute und schlechte Tage. Aber auf lange Sicht bestimmt das Training den Erfolg. Was also nehmen wir in uns auf? Sind es Worte, die uns ermutigen und trösten? Worte, die Hoffnung geben und uns Orientierung schenken?

Gottes Worte können das. Er sagt z.B.: „Du bist mein geliebtes Kind. Ich freue mich über dich. Du gehörst zu mir und nichts wird dich von mir trennen können." Wer diese Worte glaubt, den machen sie frei – frei von dem Wettlauf, der unseren Alltag und unser Leben so sehr bestimmt, von dem Druck, immer schneller, effizienter und besser zu werden. Und sie machen frei von der Angst zu kurz zu kommen und zu versagen. Wer diese Worte glaubt, hat festen Boden unter den Füßen und wird hoffentlich erleben, dass er trägt auch wenn man einmal stolpert. Den ewigen, unvergänglichen Preis haben wir damit eigentlich schon in der Hand, auch wenn wir noch mitten auf dem Weg sind: ein Leben erfüllt und bestimmt von Gott; ein Leben, das auch nach dem Tod nicht endet. Gott segne unseren Lauf und führe uns sicher ins Ziel! Amen.

Lied: 414,1-4 „Lass mich, o Herr, in allen Dingen"

Fürbittengebet

Sportgebet:

Aufstehen:	Gott wir sind hier
Auf der Stelle laufen:	Wir fühlen uns gehetzt von dieser Welt.
Zusammenkrümmen:	Wenn wir die Welt sehen, bekommen wir Angst und fühlen uns ganz klein.
Strecken:	Wir brauchen Dich. Ohne Dich werden wir das Ziel nicht erreichen.
Zur Seite strecken:	Wir wollen verbunden bleiben mit denen, die uns brauchen.
Hände zur Schale formen:	segne uns
Segensgeste:	und alle, die mit uns verbunden sind.

Vaterunser

Lied: 358,1+3+6 „Es kennt der Herr der Seinen“

Abkündigungen

Segensbitte

Segen

Musik zum Ausgang

Sexagesimä

Glockengeläut und Musik zum Eingang

Votum
Wir feiern diesen Gottesdienst im Namen des Vaters und des Sohnes und des Heiligen Geistes. Amen.

Begrüßung und Wochenspruch
Herzlich willkommen zum Gottesdienst! Der Countdown Richtung Ostern läuft seit letzter Woche. Nicht einmal mehr sechzig Tage sind es bis Ostersonntag. Darum trägt der Sonntag heute auch den Namen Sexagesimä nach dem lateinischen Begriff für sechzig. Wie bei vielen anderen lateinischen Sonntagsnamen frage ich mich auch bei diesem: Wer kann sich diesen Namen merken? Und vor allem: Wer kann etwas damit anfangen? Es gibt Worte, die sagen uns einfach nichts. Und dann gibt es Worte, die sagen uns ganz viel. Zu welcher Kategorie gehören Gottes Worte? Der Wochenspruch rät uns, dass wir uns von ihnen berühren lassen:

Hebr 3,15

Wir beten miteinander ein Loblied auf Gottes Wort:

Lied: 447,1-3+7+8 „Lobet den Herren“

Psalm 119 und Ehre sei dem Vater

Kyrie

Gloria

Tagesgebet
Lebendiger Gott! Wir hören jeden Tag so viele Worte. Manche tun uns gut, helfen uns weiter oder geben uns Kraft. Andere ärgern uns, verunsichern uns oder nehmen uns die Freude am Leben. Und auch wir reden jeden Tag viele Worte. Manche sind leer, andere verletzen und manche richten auf. Du hast Worte des Lebens. Sprich zu uns in dieser Stunde, damit unser Reden und Handeln nicht leer bleibt. Wir beten weiter in der Stille.

Stille
Dein Wort ist meines Fußes Leuchte und ein Licht auf meinem Wege. (Ps 119,105) Amen.

Schriftlesung
Jesus vergleicht Gottes Worte mit Samen, die ausgesät werden: Lk 8,4-8

Glaubensbekenntnis

Lied: 196,1+2+6 „Herr, für dein Wort sei hochgepreist“

Predigt
Es gibt ein Thema, über das man immer reden kann: das Wetter. Das Wetter betrifft alle, aber es ist nichts Persönliches. Zum Wetter haben alle eine Meinung und dennoch kann man sich schwer darüber streiten. Beim Wetter geht es nicht um Geld, nicht um Religion und auch

nicht um Politik – zumindest, solange man es schafft, den Klimawandel nicht zu erwähnen. Das Wetter hat außerdem den Vorteil, dass es sich jeden Tag ändert und daher immer aktuell bleibt. Besonders beliebt ist es, sich über das Wetter zu beklagen: Entweder ist es zu kalt oder zu warm, zu trocken oder zu regnerisch. Sollte dennoch einmal der seltene Fall eintreten, dass das Wetter gerade für Mensch und Natur gleichermaßen ideal ist, kann man gemeinsam darüber spekulieren, wie das Wetter wohl in den nächsten Tagen werden wird. Die Wettervorhersagen helfen dabei nur bedingt weiter: Die Meteorologin im Fernsehen sagt manchmal etwas anderes voraus als der Wetterexperte im Radio, die lokale Zeitung oder die App auf dem Handy. Und wer von ihnen recht hat, muss sich dann erst zeigen. Denn obwohl sich die Wettervorhersage in den letzten Jahrzehnten extrem verbessert hat, liegt sie trotzdem noch oft genug daneben. Wie oft haben wir uns auf den vorhergesagten ergiebigen Regen gefreut und dann fielen nur ein paar Tropfen. Oder wir haben Sonne erwartet und bekamen nur graue Wolken zu sehen. Das Wetter bleibt also ein spannendes Thema, über das wir immer reden können.

Sogar Gott redet über das Wetter. Durch seinen Propheten Jesaja lässt er ausrichten:

Lesung: Jes 55,8-12

1. Gottes himmelhohe Gedanken – ziehen wie die Wolken

Gott redet also über das Wetter. Er zeigt hinauf an den Himmel, wo in der endlosen blauen Weite die Wolken dahinziehen. Manche bauschen sich auf, andere sehen verzerrt aus wie ein Schleier und wieder andere ballen sich bedrohlich dunkel zusammen. Manchmal verharren die Wolken scheinbar unbeweglich über uns, ein anderes Mal kann das Auge den schnellen Verwandlungen am Himmel kaum folgen. Auch wenn sich bestimmte Muster wiederholen und Wolken dank leistungsstarker Computer und ausgeklügelter Wettermodelle für uns berechenbar geworden sind, ist es noch immer unmöglich, ihren Lauf zu 100% genau vorherzusagen. Sie bleiben ein faszinierendes Geheimnis hoch oben am Himmel. Und genauso ist es mit Gottes Gedanken: „Meine Gedanken sind nicht eure Gedanken", sagt der HERR, „und meine Wege sind nicht eure Wege. Denn so viel der Himmel höher ist als die Erde, so viel höher stehen meine Wege über euren Wegen und meine Gedanken über euren Gedanken." Gottes Gedanken und seine Pläne bleiben für uns so undurchschaubar und unerreichbar wie die Wolken. Wir sehen und erleben nur das Ergebnis dieser Gedanken. Erklären oder gar vorhersagen können wir sie jedoch nicht. Manchmal ist das nicht schlimm. Wenn uns die Sonne im Leben lacht und nur ein paar Schönwetterwolken für einen kurzen Moment ihre Schatten über uns werfen, dann akzeptieren wir das in der Regel ohne nachzufragen. Vielleicht fällt uns sogar auf, dass diese helle und frohe Zeit nicht selbstverständlich ist und wir danken Gott dafür, dass er sie uns schenkt. Anders sieht es aus, wenn uns die Sonne nicht mehr lacht. Wenn der Himmel grau wird und das Leben uns niederdrückt. Wenn der Regen unaufhörlich fällt und uns das Wasser bis zum Hals steht. Wenn der Sturm wütet und jeden Halt in unserem Leben wegreißt. Dann kommen die Fragen und wir wollen wissen, was Gott sich denn dabei denkt. Dann möchten wir gerne erfahren, warum er dieses Unheil über uns hereinbrechen lässt. Wir wollen verstehen, welcher Sinn und welcher Plan damit verbunden ist. Gibt es überhaupt einen Sinn und einen Plan? Uns erschließt sich jedenfalls kein Sinn, wenn wir erschüttert die steigende Anzahl von Toten verfolgen, die nach einem Erdbeben geborgen werden. Wir erkennen keinen guten Plan, wenn wir die Kriege dieser Welt verfolgen. Und wir verstehen auch nicht, wozu es gut sein soll, dass geliebte Menschen ganz unerwartet und plötzlich sterben. Warum müssen wir Krankheiten ertragen, die uns das Leben furchtbar schwer machen? So fragen wir Gott, warum und wozu er all das Unheil zulässt. Wir fragen nach dem Sinn und Ziel. Wir fragen nach Gottes Gedanken und seinen Plänen. Doch auf diese Fragen bekommen wir in der Regel keine Antwort. Gott bleibt so undurchschaubar und fern wie die Wolken am Himmel. Und wir bleiben verzweifelt und hilflos am Boden und versuchen, dem Unwetter irgendwie zu trotzen. „Meine Gedanken sind nicht eure Gedanken“ sagt der HERR …

2. Gottes segensreiche Worte – wirken wie der Regen

Doch glücklicherweise sagt er uns noch mehr als das. Er erklärt uns zwar nicht seine Gedanken, weil wir sie sowieso nicht verstehen würden. Doch er gewährt uns einen Blick in die Zukunft. Er hat sozusagen eine Wettervorhersage für uns. Sie lautet: Gebietsweise fällt ergiebiger Regen, in höheren Lagen Schnee. Es bleibt bewölkt. Die weiteren Aussichten: meist trocken und zunehmend sonnig. Die Temperaturen steigen. Jesaja formuliert es so: „Regen und Schnee fallen vom Himmel und bewässern die Erde. Sie kehren nicht dorthin zurück, ohne Saat für den Bauern und Brot für die Hungrigen hervorzubringen. So ist es auch mit meinem Wort, das aus meinem Mund kommt. Es wird nicht ohne Frucht zurückkommen, sondern es tut, was ich will und richtet aus, wofür ich es gesandt habe. Ihr werdet in Freude ausziehen und in Frieden geleitet werden.“ Wenn es um das Wetter geht, dann leuchtet uns ein, dass nicht immer die Sonne scheinen kann. Wenn sie zu lange scheint, dann suchen wir den Himmel nach Wolken ab und hoffen und warten darauf, dass es regnet oder schneit. Wir wissen genau, dass wir das Wasser vom Himmel brauchen, damit der Boden nicht austrocknet und die Pflanzen auf den Feldern und in den Gärten wachsen können. Doch damit es regnet, brauchen wir wiederum die Sonne, die das Wasser anderswo verdunstet, damit es als Wolke zu uns zieht und schließlich als Regen vom Himmel fällt. Dieser Kreislauf des Wassers garantiert unsere Lebensgrundlage. Es ist ein Kreislauf, der über die Jahrtausende zuverlässig funktioniert. Auf Regen folgt Sonne und auf Sonne folgt Regen. Und genauso ist es mit Gottes Wort: Was er verspricht, das wird zuverlässig eintreten. Und seine Worte verheißen uns Leben. Sie versprechen uns, dass der Regen aufhören wird, dass die Stürme vorübergehen und die dunklen Wolken den Sonnenstrahlen weichen müssen. Das Unheil in unserem Leben wird vorbeiziehen und dann werden uns Frieden und Freude scheinen. Das Dumme ist nur: Gottes Wettervorhersage hat keine Zeitangabe. Und so, wie wir manchmal sehr, sehr lange auf Regen oder Sonne warten müssen, so dauert es manchmal auch sehr, sehr lange Zeit, bis wir wieder Friede und Freude erleben. Manchmal dauert es sogar bis zur Ewigkeit. Das Wichtigste an Gottes Wort ist daher nicht die Aussicht darauf, dass die Sonne irgendwann einmal scheinen wird. Das Wichtigste ist vielmehr, dass sein Wort wie ein sanfter Regen in unser Leben fällt und dort etwas verändert. Denn Gottes Worte bleiben nicht ohne Wirkung. „Fürchte dich nicht, ich bin bei dir", sagt er und lässt die Hoffnung wachsen, dass wir auch in den Stürmen des Lebens in seiner Hand stehen. „Ich habe dich je und je geliebt" (Jer 31,3), sagt er und lässt das Vertrauen aufblühen, dass die Unwetter in unserem Leben nicht bedeuten, dass er uns nicht liebt oder uns vergessen hat. „Ich weiß wohl, was für Gedanken ich über euch habe: Gedanken des Friedens und nicht des Leides und ich gebe euch Zukunft und Hoffnung" (Jer 29,11), sagt er und lässt den Glauben feste Wurzel schlagen. So haben auch die dunklen Wolken über unserem Leben letztlich einen Sinn. Wir mögen Gottes Gedanken nicht verstehen und sie mögen uns manchmal so undurchschaubar und fern sein wie die Wolken am Himmel. Doch er kennt den Lauf der Wolken und daher trifft seine Wettervorhersage mit einer Garantie von 100% ein. Gottes Worte sind verlässlich und wahr. Amen.

Lied: 623,1+2 „Harre, meine Seele"

Fürbittengebet

Das Wetter:

Danke Gott für die Sonnenstrahlen in unserem Leben: das Lachen der Kinder, den Geruch von Kaffee am Morgen, das Gefühl, verliebt zu sein und für alles, was mir in letzter Zeit gelungen ist.

Gott sei bei uns, wenn die Wolken dichter werden: bei Krankheit, Einsamkeit und Zukunftssorgen, wenn der Krieg droht und die Angst uns überkommt.

Gott schütze uns bei Eis und Schnee: vor sozialer Kälte und dem eisigen Schweigen eines Konfliktes. Hilf uns, einander zu vergeben und das Eis zu brechen.

Gott, sei der Wind, der uns erfrischt und davon erzählt, dass am Ende das Leben siegt.

Vaterunser

Lied: 615,1-3 „Weicht ihr Berge, fallt ihr Hügel“

Abkündigungen

Segensbitte

Segen

Musik zum Ausgang

Estomihi

Glockengeläut und Musik zum Eingang

Votum
Wir feiern diesen Gottesdienst im Namen des Vaters und des Sohnes und des Heiligen Geistes. Amen.

Begrüßung und Wochenspruch
Herzlich willkommen! Wenn wir Gottesdienst feiern – wer dient dann eigentlich wem? Dient Gott uns? Dienen wir Gott? Wenn in der nächsten Woche die Passionszeit beginnt, dann werden wir uns daran erinnern, was Gott alles für uns gegeben hat. Sieben Wochen lang werden wir Jesus auf seinem Weg ans Kreuz begleiten und darüber nachdenken, was sein Leiden und Sterben für uns bedeutet. Der Wochenspruch lädt uns ein mit den Worten:

Lk 18,31

Lied: 166,1+2+6 „Tut mir auf die schöne Pforte“

Psalm 27 und Ehre sei dem Vater

Was bleibt von dem, was wir tun? Was ist beständig? Diese Frage stellt uns die Predigt nachher. Eine Antwort gibt uns Psalm 27: Gott ist zuverlässig für uns da. Darum wenden wir uns an ihn.

Kyrie

Gloria

Tagesgebet

Herr, unser Gott,

du bist das Licht unseres Lebens, das auch in der Dunkelheit scheint. Du bringst dein Heil in alles, was krank und zerbrochen ist. Du schenkst uns Kraft, wenn wir mutlos und kraftlos sind. Du bist unser Halt, wenn alles um uns wankt und fällt. Darum vertrauen wir dir. Höre und erhöre uns, wenn wir Dir in der Stille sagen, was uns wichtig ist.

Stille

HERR, höre meine Stimme, wenn ich rufe; sei mir gnädig und erhöre mich! (Ps 27,7) Amen.

Schriftlesung: Pred 1,2-9

Glaubensbekenntnis

Lied: 401,1-3+7 „Liebe, die du mich zum Bilde“

Predigt

1. Vergebliche Mühe

Politikerin möchte ich nicht sein. Man rackert sich den ganzen Tag ab und versucht nach bestem Wissen und Gewissen, die Dinge zum Besseren zu verändern. Doch der Erfolg lässt oft lange auf sich warten und der Arbeitsalltag ist endlos und ermüdend. Stundenlang hetzt man von einer Besprechung zur nächsten, bringt eine Sitzung nach der anderen hinter sich. Die Familie beschwert sich, weil man keine Zeit für sie hat. Die Gesundheit streikt, weil die eigenen Kräfte ständig bis an ihre Grenzen ausgetestet werden. Doch wer sich den hohen Anforderungen entzieht, gilt schnell als schwach und gefährdet damit die eigene Position. Gedankt wird einem die Mühe nur selten. Stattdessen hält sich hartnäckig das Gerücht, dass sich Menschen in der Politik bei gutem Gehalt ein leichtes Leben machen. Und alle meinen, den Job besser machen zu können. Selten werden Politiker für ihr Engagement gelobt. Sehr viel öfter werden sie von allen Seiten kritisiert. Nein, Politikerin möchte ich nicht sein.

Lesung: Lk 10,38-42

2. Vergebliche Mühe – Marta

Marta möchte ich in dieser Geschichte nicht sein. Da lädt sie Jesus und seine Jünger in ihr Haus ein, kümmert sich mühevoll um sie und am Ende weist Jesus sie dafür auch noch zurecht. Sieht er denn nicht, wie sehr sie sich für ihn angestrengt hat? 13 hungrige Männer zu bewirten ist schließlich keine Kleinigkeit. Da ist es nicht damit getan, ein paar Gläser Wein und eine Schüssel mit Knabbergebäck auf den Tisch zu stellen. Jesu Jünger waren Männer, die harte Arbeit gewohnt waren und entsprechenden Appetit mitbrachten. Und Marta zeigt sich als gute Gastgeberin. Sie zaubert ein schmackhaftes Mahl, flitzt zwischen Küche und Esszimmer hin und her und sorgt dafür, dass es ihren Gästen an nichts fehlt. Bevor sie noch einen Wunsch äußern, ist Marta schon zur Stelle um ihn zu erfüllen. Sie weiß ja, dass Jesus und seine Freunde normalerweise nur wenig Komfort genießen können. Ständig sind sie unterwegs und haben oft nur das zu essen, was andere ihnen schenken. Bei ihr sollen die Männer wieder einmal zur Ruhe kommen und sich ganz wie zuhause fühlen, bevor sie sich wieder auf den Weg machen. Doch nach einer Weile merkt Marta, dass sie allein an ihre Grenzen stößt. Zwei helfende Hände wären ihr wirklich willkommen – aber ihre Schwester Maria ist völlig von der Rolle, hat sich einfach zu den Männern gesetzt und hört Jesus zu. Schlimm genug, dass sie damit alle Regeln und Konventionen verletzt, die sie als Frau befolgen sollte. Noch schlimmer ist für Marta, dass ihre Schwester sie bei der Arbeit so im Stich lässt. Also fällt auch Marta aus der Rolle und beschwert sich bei Jesus: sag ihr, sie soll mir helfen! Doch Jesus gibt ihr nicht die Antwort, die sie hören möchte. Er schickt Maria nicht an die Arbeit, ja er äußert noch nicht einmal Wertschätzung für Martas Bemühungen. Stattdessen kritisiert er Marta und lobt Maria. Ich stelle mir vor, wie Marta ihn fassungslos anschaut. Das ist also der Lohn für ihre Mühe? Na danke! Nein, Marta möchte ich in dieser Geschichte wirklich nicht sein.

3. Der Wert der Arbeit

Und doch bin ich ganz oft wie Marta. Wenn Gäste kommen, möchte ich sie gut bewirten und dann überlege ich mir schon Tage vorher, was es zu Essen geben soll und wann ich die Wohnung putze. Wenn es in der Gemeinde oder im Dorf ein Fest gibt, dann möchte ich meinen Teil dazu beitragen, dass es gelingt. Wenn andere mich brauchen, will ich für sie da sein. Und wenn ich Arbeit sehe, dann sehe ich zu, dass ich sie erledige. Ist das denn schlecht?

Nein! Jesus hat bei verschiedenen Gelegenheiten Menschen dafür gelobt, dass sie sich für andere einsetzen. Er hat sie immer wieder ermutigt, füreinander da zu sein und er selbst hat es ja auch vorgelebt. Kurz bevor er Marta und Maria besucht, erzählt er das Gleichnis vom barmherzigen Samariter. Den Nächsten zu lieben heißt, ihm zu helfen, sagt er. Dazu brauchen wir offene Augen, die sehen, wer uns braucht und offene Hände, die dann großzügig geben, was dem anderen fehlt. Und später erklärt Jesus sogar: Wenn ihr einem anderen Menschen gebt, was er braucht, dann beschenkt ihr damit Gott selbst. Martin Luther war der Ansicht, dass jeder Mensch in seinem Beruf zugleich seine Berufung findet. Schon im Paradies erhalten Adam und Eva von Gott den Auftrag, sich um den Garten und die Tiere zu kümmern. Warum? Weil Arbeit unserem Leben einen Sinn und ein Ziel gibt und wenn sie dann auch noch zugunsten von anderen geschieht, entspricht sie ganz dem, wie Gott sich unser Leben vorgestellt hat. Zu arbeiten und sich für andere einzusetzen, ist also nicht schlecht. Im Gegenteil: es ist ein praktischer Ausdruck unseres Glaubens.

Schwierig wird es da, wo es der einzige wird: wenn die Arbeit, das Kümmern und das Sorgen unsere Gedanken ganz und gar bestimmen; wenn unsere Aufgaben uns durch den Tag, die Woche, das Leben hetzen und wir keine Zeit mehr haben für die Stille und die Begegnung mit Gott; wenn wir nur noch die eigene Last sehen, uns darüber ärgern, dass andere uns nicht ausreichend unterstützen oder wenn wir frustriert sind, weil wir am Ende für all unsere Mühen nicht einmal ein Dankeschön bekommen. Dann gerät aus dem Blick, wofür wir uns anstrengen. Manchmal wissen wir nicht einmal mehr, warum wir manches tun und anderes lassen. Wir versuchen den Erwartungen anderer oder auch unseren eigenen Erwartungen zu entsprechen. Und wir fragen nicht mehr danach, ob unser Tun wirklich wichtig und sinnvoll ist oder ob in diesem Moment eigentlich etwas ganz anderes dran wäre. Martas Wunsch, Jesus und seine Jünger mit einem leckeren Essen zu beschenken war gut und entsprach völlig den Regeln guter Gastfreundschaft. Sie erfüllte alle Erwartungen perfekt. Aber sie übersah dabei ganz, dass Jesus gar nicht gekommen war, um beschenkt zu werden, sondern um zu beschenken. Und so stand sie am Ende mit leeren Händen da. In dieser Hinsicht bin ich leider ganz oft wie Marta. Und dann höre ich wie Jesus sagt: „Du machst dir viele Sorgen und verlierst dich an vielerlei, aber nur eins ist nötig: Maria hat die richtige Wahl getroffen. Sie hat sich für ein Gut entschieden, das ihr niemand wegnehmen kann.«

4. Ein unvergängliches Gut

Bin ich manchmal wie Maria? Ich hoffe es. Ich hoffe, dass ich merke, wann es Zeit ist, die Arbeit ruhen zu lassen und mir Zeit zu nehmen für das, was mir geschenkt wird in der Begegnung mit Gott oder auch in der Begegnung mit anderen Menschen. Immer wieder schaue ich mir Fotos von Ausflügen, von Festen und Urlauben an. Ich sehe, wie ich zusammen mit anderen rede und lache und wie wir miteinander eine erfüllte Zeit erleben. Am Ende habe ich nichts Greifbares in der Hand, nur ein paar Fotos erzählen von dem, was war. Und doch sind das die Momente, die bleibenden Wert haben. Wenn ich zurückdenke, erinnere ich mich an diese Tage – und nicht an die vielen Arbeitstage. Und die Begegnungen geben mir Kraft für meinen Alltag, denn sie bestärken mich darin, dass ich gewollt und geliebt bin und dass ich zu einer Gemeinschaft dazugehöre. Das, was ich mit anderen Menschen erlebe, kann mir keiner mehr nehmen.

Das gleiche gilt auch für die Begegnung mit Gott. Was er mir schenkt, das bleibt. Und was das ist, erfahre ich im Hören auf ihn. Natürlich spricht Gott auch manchmal zu mir, während ich gerade mitten in meinen Aufgaben stecke. Doch so richtig aufmerksam zuhören kann ich dann selten. Da muss er schon richtig laut rufen. Viel besser kann ich ihm zuhören, wenn ich mir dafür Zeit nehme: an einem Sonntagmorgen wie heute zum Beispiel oder in einem stillen Moment am Morgen, am Abend oder einfach zwischendurch. Maria hatte den Vorteil, dass Jesus persönlich vor ihr saß und sie ihn direkt hören konnte. Für uns ist das Zuhören ein bisschen schwieriger. Die größere Schwierigkeit ist meiner Erfahrung nach allerdings, dass Gott uns nicht nur die Dinge sagt, die wir hören wollen. Wenn uns die Arbeit nicht mehr ablenkt von den Fragen unseres Lebens, werden wir manchmal mit unbequemen Wahrheiten über uns selbst konfrontiert – so wie Marta, als sie schließlich doch noch das Gespräch mit Jesus sucht und von ihm hören muss, dass Maria es viel besser macht als sie. Leider erzählt uns die Bibel nicht, wie Marta darauf reagiert hat. Ich stelle mir vor, dass Marta Jesus fassungslos anschaut. Ihr Mund geht schon auf, weil sie energisch widersprechen will, da fällt ihr Blick auf Maria. Die schaut mit leuchtendem Blick auf Jesus und strahlt eine unglaubliche Gelassenheit aus. Was hat Jesus wohl gesagt, dass Maria diesen Frieden bekommen hat? Marta denkt nicht mehr an ihr Geschirr in der Küche und auch nicht mehr an die Pflichten als Gastgeberin. Sie stößt Maria an, damit die ein bisschen zur Seite rutscht und setzt sich neben sie. Jesus lächelt Marta zu und dann sagt er: „Wenn jemand hungrig ist und euch um Essen bittet, dann gebt ihr das, was sie satt macht und ihr gut tut – auch wenn ihr nicht gut auf sie zu sprechen seid." (sehr frei nach Mt 7,9f) Ha, denkt

Marta, er hat es also doch bemerkt, dass ich mich für ihn ins Zeug gelegt habe! Offensichtlich hat er auch gemerkt, dass ich mich ärgere ... Da sagt Jesus weiter: „Wenn ihr schon so gut füreinander sorgt, wie viel mehr wird euer himmlischer Vater euch das geben, was ihr braucht. Ihr müsst ihn nur darum bitten. Er beschenkt euch gerne, denn er meint es gut mit euch." (frei nach Mt 7,11) Und Marta spürt: Es stimmt. Gott nimmt mir meinen Ärger, er gibt mir Ruhe und schenkt mir Kraft, damit ich nachher wieder an meine Arbeit gehen kann. Und wie Maria hat plötzlich auch Marta ein Leuchten in den Augen und Frieden im Herzen. Wie gerne wäre ich jetzt Marta! Amen.

Lied: NL 66,1-3 „Leben aus der Quelle"

Fürbittengebet
Jesus, ich habe Angst, mich der Stille auszusetzen. Ich beschäftige mich lieber mit scheinbaren Aufgaben. Ganz leise ahne ich, dass es mir gut täte, zu Deinen Füßen zu sitzen.

Ich lege Dir hin, was mich verletzt hat! – Stille
Ich lege Dir hin, was mir Angst macht! – Stille
Ich lege Dir hin, was mich traurig macht! – Stille
Ich lege Dir hin, was mich überfordert! – Stille
Ich lege Dir hin, was mir ein Lächeln ins Gesicht zaubert! – Stille

Vaterunser

Lied: 628,1-3 „Meine Zeit steht in deinen Händen"

Abkündigungen

Segensbitte

Segen

Musik zum Ausgang

Invokavit

Glockengeläut und Musik zum Eingang

Votum
Wir feiern diesen Gottesdienst im Namen des Vaters und des Sohnes und des Heiligen Geistes. Amen.

Begrüßung und Wochenspruch
Herzlich willkommen zum Gottesdienst! Fasching/Karneval ist vorbei. Für die einen ist die fünfte Jahreszeit die schönste Zeit im Jahr. Für manche hat das Verkleiden und hemmungslose Feiern aber schon fast etwas Teuflisches, weil dabei auch Grenzen überschritten und Menschen verletzt werden können. Und damit sind wir schon beim Thema des heutigen Gottesdienstes: Es geht um die Versuchungen in unserem Leben, um die Momente, wo uns scheinbar der Teufel reitet. Vor allem aber geht es um die Hoffnung, dass Gott am Ende siegt – auch in unserem Leben. Denn – so sagt es der Wochenspruch:

1.Joh 3,8b

Lied: 161,1-3 „Liebster Jesu, wir sind hier“

Psalm 91 und Ehre sei dem Vater
Gottes Schutz sollen wir suchen, dann wird uns nichts geschehen. Das rät uns Ps 91, den wir nun miteinander beten.

Kyrie

Gloria

Tagesgebet
Herr, unser Gott,

Zu Beginn dieser neuen Woche treten wir unter deinen Schutz. Wir danken die für alle Situationen, in denen Du uns in den vergangenen Tagen spürbar begleitet und bewahrt hast. Wir bringen Dir aber auch unsere Fragen und Klagen über die Momente, in denen Du uns scheinbar im Stich gelassen hast. Lass uns erkennen, dass Du es trotzdem gut mit uns meinst und lass uns sehen, wie Du uns hilfst.

In der Stille bringen wir vor dich, was uns auf dem Herzen liegt.

Stille
Er ruft mich an, darum will ich ihn erhören; ich bin bei ihm in der Not, ich will ihn herausreißen und zu Ehren bringen. (Ps 91,15) Amen.

Schriftlesung: Hi 2,1-13

Auch wer sich auf Gott verlässt, muss schlimme Situationen in seinem Leben meistern. Wie gehen wir dann damit um, dass Gott uns scheinbar im Stich gelassen hat? Die Schriftlesung erzählt uns als Beispiel von Hiob.

Glaubensbekenntnis

Lied: 347,1-6 „Ach, bleib mit deiner Gnade“

Predigt

1.

Mögen Sie Schokolade? Zumindest uns Frauen sagt man ja nach, dass wir Schokolade über alles lieben und jederzeit beim Anblick eines zartschmelzenden Riegels schwach werden. Bei Milka zum Beispiel, der zartesten Versuchung seit es Schokolade gibt. Zumindest wenn man der Werbung glauben mag, die uns diesen Satz Jahrzehnte lang verführerisch ins Ohr gesäuselt hat. Ob er stimmt, steht dann auf einem ganz anderen Blatt. Wenn es um das Stichwort Versuchung geht, dann fällt den meisten von uns aber tatsächlich erst einmal Schokolade ein und alle möglichen anderen süßen Leckereien. Diese Kalorienbomben, von denen jeder weiß, dass sie zu viel Zucker und zu viel Fett enthalten und viel zu ungesund sind. Aber obwohl wir es wissen, greifen wir zu, genießen die „süße Sünde“ und haben hinterher dann ein schlechtes Gewissen. Da hat uns die Versuchung wohl erwischt – wieder mal. Was steckt da eigentlich dahinter? War es der Teufel oder einfach nur Unbeherrschtheit? War es schlimm, der Versuchung nachgegeben zu haben oder eigentlich kein Drama? Ja, wann ist Versuchung denn tatsächlich gefährlich und wie gehen wir dann damit um?

Gottes Wort für heute erzählt uns davon, wie Jesus dem Versucher und der Versuchung begegnet.

Lesung: Mt 4,1-11

2.

Der Teufel muss weichen, Jesus hat das letzte Wort. Und doch: nicht einmal Jesus ist sicher vor dem, der auch der Versucher genannt wird. Selbst den Sohn Gottes möchte er dazu bringen, sich von Gott abzuwenden. Wer ist der, der das probiert? Menschen haben sich immer wieder gefragt, wie er wohl aussieht. Das Dumme ist: An seinen Hörnern, dem Schwanz und den Pferdefüßen kann man ihn jedenfalls nicht erkennen. Im Gegenteil: Er ist nur schwer zu identifizieren, denn er hat viele Gesichter und viele Namen. Diabolos heißt er, auf Deutsch: der Verwirrer, der Durcheinanderbringer, der Verleumder. Er ist das Böse in dieser Welt. Er kennt die Menschen. Er kennt ihre tiefsten Wünsche. Und bei denen versucht er sie, versucht er uns, zu packen. So, wie er es auch bei Jesus versucht.

Jesus hatte sich in die Wüste zurückgezogen. Er wollte fasten, sich also ganz von den irdischen Dingen fern halten, um den Kopf frei zu bekommen und sich zu konzentrieren auf seinen himmlischen Vater und die Aufgabe, die vor ihm lag. Obwohl er auf diese Weise geistlich gestärkt wurde, war sein Körper Strapazen ausgesetzt und geschwächt. Er hatte großen Hunger, erzählt Matthäus, Eine Schwäche, die der Teufel nutzt, um seinen Angriff zu starten. Jesus war aber geistlich gestärkt und konnte diesen Angriff abwehren. Wie sieht das bei uns aus? Wir beten wohl bei jedem Vaterunser „führe uns nicht in Versuchung und erlöse uns von dem Bösen". Aber wer weiß schon, in welch raffinierter und verführerischer Form uns die Versuchung begegnet? Wer weiß schon, ob wir dann die Kraft haben, der Versuchung zu widerstehen? Wir haben unsere jeweils eigenen Wünsche und Schwächen, die uns angreifbar machen. Es geht dabei nicht um das Schwachwerden beim Anblick von Schokolade. Es geht um die Dinge, die uns von Gott wegbringen. Es geht um Stimmen, die uns falsche Wahrheiten über uns, andere Menschen und Gott ins Ohr flüstern und die uns dazu drängen, ihnen mehr zu glauben als Gott. Die Frage an uns lautet: Welche Wünsche und welche Hoffnungen habe ich? Wie sehr bestimmen sie mein Leben und was bin ich bereit, dafür zu tun? Und vor allem: In welchem Verhältnis stehen sie zu Gott und seinem Willen?

3.

„Wenn du der Sohn Gottes bist, dann verwandle diese Steine in Brot." raunt der Versucher dem hungrigen Jesus zuerst ins Ohr. Und das klingt ja erst einmal einleuchtend. Gott hat uns mit wunderbaren Fähigkeiten begabt. Natürlich sollen und dürfen wir sie auch für uns selbst einsetzen und uns darüber freuen, was wir erreichen. Schwierig wird es dann, wenn wir vor lauter Stolz über unsere Erfolge vergessen, dass unsere Gaben von Gott geschenkt sind. Schnell liegt dann der Gedanke nahe, dass wir Gott überhaupt nicht brauchen, weil wir selbst in der Lage sind, uns zu helfen. Und ist doch so falsch, so einleuchtend wie folgende Sätze:

Jeder ist sich selbst der Nächste.

Hilf dir selbst, dann hilft dir Gott!

Wenn jeder an sich denkt, ist an alle gedacht.

Wenn ich nicht nach mir schaue, wer tut es dann?

Je mehr Krisen wir als Gesellschaft meistern müssen, desto mehr solcher Sprüche werden wir vermutlich ausgelebt sehen. Aber ich bin überzeugt, dass sie uns nicht weiterbringen werden. Jesus wehrt diese Aufforderung ab mit dem Hinweis darauf, dass der Mensch nicht nur von dem lebt, was er sich selbst geben kann und was er durch Selbstverwirklichung erreichen kann. Er braucht mehr als sich selbst, mehr als Menschen ihm geben können. Er braucht Gott.

Seit Aschermittwoch fasten viele Menschen und verzichten freiwillig auf bestimmte Lebensmittel oder Gewohnheiten. Manche möchten auf diese Weise vielleicht auch ein paar Pfunde verlieren, der ursprüngliche Grund ist aber eigentlich ein anderer: Wer verzichtet, hat den Kopf frei für anderes. Fastende spüren dem nach, was wirklich wichtig ist und was er oder sie zum Leben braucht. Es ist gar nicht verkehrt, den Hunger nach bestimmten Dingen auch einmal zuzulassen. Dann entdecken wir vielleicht, womit wir ihn so oft betäuben. So, wie manche bei Hunger lieber einen Schokoriegel essen statt Brot, so haben wir häufig Gewohnheiten, die unseren Hunger nach Leben, nach Liebe, nach Sicherheit zu stillen versuchen und es letztlich doch nicht können. Wir können uns sehr wohl der Versuchung hingeben zu glauben, dass Selbstverwirklichung diesen Hunger stillt. Aber wir werden feststellen: Letztlich kann nur Gott und sein Wort uns satt machen.

4.

Die zweite Versuchung ist noch raffinierter: „Wenn du der Sohn Gottes bist, dann spring hinunter! Denn die Schrift sagt: ‚Er befiehlt seinen Engeln, dich zu beschützen. Sie werden dich auf ihren Händen tragen, damit deine Füße niemals stolpern.'" Sogar auf Gottes Wort beruft sich der Verführer, um Jesus in die Falle zu locken. Der Teufel kennt Ps 91, den wir gerade erst gebetet haben. Das heißt für uns: Vorsicht! Nicht alles, was christlich daherkommt, ist auch wirklich in diesem Moment und mit jenem Kontext von Gott. Und nicht alles, was uns an biblischen Zitaten als Gottes Wort verkauft wird, entspricht hier und jetzt Gottes Willen. Daher ist es wichtig, zu prüfen, was die Bibel in ihrer Gesamtheit sagt. Mit herausgerissenen Zitaten kann man mit der Bibel alles begründen. Was aber wirklich Gottes Wille ist, erkenne ich, wenn ich im Hören auf Gott sein Wort lese. Vielleicht finde ich ja Stellen, die mir etwas ganz Anderes erzählen. Jesus nimmt die kindische Mutprobe nicht an. Was hätte er auch davon gehabt? Er weiß: Gott steht zu mir. Natürlich würde er mich retten, aber ich muss ihn nicht auf die Probe stellen. Ich kann ihm auch so vertrauen. Und ich bin sicher, dass er eingreift, wenn es wirklich nötig ist. Sind wir uns da genauso sicher wie Jesus? Oder stellen wir Gott nicht manchmal – vielleicht auch unbeabsichtigt – auf die Probe? Dann verhalten wir uns nachlässig, fahren zu schnell, gehen zu spät zum Arzt, nehmen Hilfe nicht an – und vertrauen darauf, dass er uns schon bewahren wird?

5.

Bei der dritten Versuchung holt der Versucher nun sein verlockendstes Angebot hervor: „Das alles – die Länder der Welt und all ihr Reichtum – schenke ich dir", sagte er, „wenn du vor mir niederkniest und mich anbetest." Macht und Reichtum, alles, was das Herz begehrt, kann Jesus haben. Wie viele wünschen sich, solch ein Angebot einmal in ihrem Leben zu erhalten! Gut, fast alle sind auch so schlau zu wissen, dass unser Glück nicht an dem hängt, was wir haben. Und trotzdem gibt es oft genug Wünsche, für die wir bereit wären, unendlich viel zu geben. Da zahlen Menschen unglaubliche Summen, um ein Ticket für das Finale der Weltmeisterschaft zu ergattern. Sie sind bereit stunden-, ja tagelang vor Applestores anzustehen um eines der ersten neuen iPhones zu bekommen. Aber es geht auch weniger oberflächlich: Wie viel würden die meisten erst geben, wenn sie von schlimmen Krankheiten geheilt würden. Bei einer Umfrage unter chronisch Kranken gaben 8% der Befragten sogar an, sie würden zwei Jahre ihres Lebens dafür geben, wenn sie nicht jeden Tag Tabletten schlucken müssten, wenn sie also medikamentenfrei leben könnten. Und plötzlich sind wir da, wo es bei der ganzen Sache hinsoll: der Versucher und seine Versuchung geben nichts umsonst. Sie wollen nicht nur einen kleinen Preis, sondern sie wollen mich ganz. Die Versuchung möchte die Macht haben über mich. Sie möchte, dass ich mich selbst verleugne und die Kontrolle über mich abgebe und ihr mein Leben überlasse. Der Versucher verspricht uns alles und nimmt uns alles. Ihn sollen wir anbeten, ihn sollen wir zu unserem Gott machen. Zu dem, woran unser Herz hängt, worauf wir uns verlassen und wo wir Sicherheit suchen.

Und darum antwortet Jesus auf diese Versuchung mit der Erinnerung an das erste Gebot. Nichts soll sich in unserem Leben an Gottes Stelle erheben: kein Wunsch und scheint er uns auch noch so wichtig; keine Hoffnung und sei sie auch noch so schön. Gott verspricht uns nicht das Blaue vom Himmel. Wer an ihn glaubt, wird nicht automatisch reich und beliebt und bleibt leider auch nicht von Krankheit und Schicksalsschlägen verschont. Aber wer sein Vertrauen auf Gott setzt, der weiß sich von ihm begleitet. In den Zeiten, in denen das Leben schön ist genauso wie in Zeiten, in denen das Leben es nicht gut mit uns meint und sogar noch darüber hinaus. Er nimmt uns nichts weg, er macht uns nicht klein und er redet uns nicht falsche Versprechen ein, die uns am Ende leer und ratlos zurücklassen. Im Gegenteil: Gott ist die Wahrheit und er sagt uns, wer wir sind – seine geliebten Kinder, deren Selbstwert nicht davon abhängt, was sie leisten. Sie wissen sich von Gott geliebt. Er bringt sie nicht in Gefahr, sondern begleitet sie schützend auch durch die dunklen Täler. Und nicht zuletzt gibt er ihnen Anteil an seinem himmlischen Reich. Er, der allmächtige Gott, teilt seine Macht mit ihnen und schenkt ihnen sein Erbe.

Es ist ein lebenslanges Lernen, sich diese Wahrheit tief ins Herz zu schreiben. Aber wer darauf vertraut und sich an Gottes Liebe hält, der kann der Versuchung widerstehen. Und erlebt dann vielleicht auch, wie Gottes Engel ihm dienen. Und wer der Versuchung wiedersteht, dem werden Gottes Engel dienen. Amen.

Lied: 402,1-3+6 „Meinen Jesus lass ich nicht"

Fürbittengebet

Guter Gott, immer wieder bitten wir dich,
dass du uns erlöst von dem Bösen
und uns nicht in Versuchung geraten lässt.
Und doch wissen wir um das Böse in uns selbst;
wir werden täglich versucht
und erliegen immer wieder der Stimme des Versuchers.

Wir bitten dich, dass du uns lehrst,
die Stimme des Bösen zu erkennen
und ihren Verlockungen zu widerstehen.

Wir bitten dich, dass du uns auf die Wege des Guten führst,
und uns aufstehen lässt,
wo die Macht des Bösen Menschen gefangen nimmt.

Wir bitten dich für die Kinder und Jugendlichen,
dass sie gestärkt werden vor Verführungen und bösen Einflüssen.

Wir bitten dich für die Menschen,
die sich für Gerechtigkeit und Frieden einsetzen,
dass sie trotz aller Misserfolge
nicht den Glauben an den Sieg des Guten verlieren.

Wir bitten dich für alle,
die den Verlockungen der Macht erlegen sind,
die ihren eigenen Vorteil suchen,
dass sie lernen, ihre Möglichkeiten zum Wohl der Menschen einzusetzen
und ihre Macht nicht mehr zu missbrauchen.

Wir bitten dich für uns,
dass wir mit dem Bösen keine faulen Kompromisse schließen
und ihm schon in seinen Anfängen entgegentreten.
Amen.[1]

Vaterunser

Lied: 372, 1+2+6 „Was Gott tut, das ist wohlgetan“

Abkündigungen

Segensbitte

Segen

Musik zum Ausgang

---

1 Aus: Stephan Goldschmidt, Denn du bist unser Gott. Gebete, Texte und Impulse für die Gottesdienste des Kirchenjahres. Zur neuen Perikopenordnung 2018

Reminiszere

Glockengeläut und Musik zum Eingang

Begrüßung und Wochenspruch
Herzlich willkommen zum Gottesdienst! Wir sind mitten in der Passionszeit. Sie lädt uns ein, über unser Leben und unsere Beziehungen nachzudenken. Welche Menschen sind uns nahe und wie gehen wir mit ihnen um? Wie nahe ist uns Gott und wie verhalten wir uns ihm gegenüber? Manchmal sind wir zufrieden mit dem, was wir dabei entdecken. Aber manchmal sind wir enttäuscht von anderen oder von uns selbst. Und Gott? Er liebt uns, auch wenn wir ihn enttäuscht haben. Der Wochenspruch ruft uns in Erinnerung:

Röm 5,8

Votum
Wir feiern diesen Gottesdienst im Namen des Vaters und des Sohnes und des Heiligen Geistes. Amen.

Lied: 449,1+4+8 „Die güldne Sonne voll Freud und Wonne"

Der heutige Sonntag trägt den Namen: reminiscere. Gedenke! heißt das und es stammt aus Psalm 25. Dort heißt es: „Gedenke, Herr, an deine Barmherzigkeit!“ Miteinander beten wir diesen Psalm.

Psalm 25 und Ehre sei dem Vater

Kyrie

Tagesgebet
Herr, unser Gott,
wir hoffen auf deine Gnade. Erinnere dich an deine Barmherzigkeit und wende dich uns freundlich zu. Sieh unsere Lasten und nimm sie uns ab. Hilf uns, zu erkennen, was wir anderen Menschen und dir schuldig geblieben sind und vergib uns. Zeige uns Wege zueinander und zu dir. Höre, was wir dir nun in der Stille sagen und antworte uns.

Stille
Meine Augen sehen stets auf den Herrn, denn er wird mich retten. (Ps 25,15) Amen.

Schriftlesung: Röm 5,1-5

Glaubensbekenntnis

Lied: 94,1-5 „Das Kreuz ist aufgerichtet“

Predigt

Ein Liebeslied

Sie glauben, der Höhepunkt einer Trauung sei der Moment, wenn die Brautleute einander ihr Ja-Wort geben. So sehen wir es doch in tausend Filmen! Nach mehreren Jahren im Pfarrdienst – und entsprechend viel statistisch auswertbarem Material – muss ich leider zugeben: So richtig emotional wird es meistens erst direkt danach, wenn eine Sängerin ein stimmungsvolles Liebeslied darbietet. Kaum erklingen die ersten Töne, werden die Taschentücher gezückt. Die Braut greift nach der Hand des Bräutigams, beide schauen einander in die Augen und sie denken an das, was sie miteinander erlebt haben und was sie füreinander empfinden. Ihre Gäste schauen gerührt zu und wischen sich die Freudentränen ab. Selbst die härtesten unter ihnen lassen sich von diesem Moment anrühren und rutschen angesichts der überfließenden Emotionen unbehaglich hin und her. Was alle Worte und Gesten zuvor nicht geschafft haben, bewirkt ein einfaches Liebeslied. Seine Melodie geht zu Herzen und drückt all die Gefühle aus, die mit Worten allein nicht zu beschreiben sind. Kein Wunder, dass die größten Hits Liebeslieder sind. Kein anderes Gefühl wurde so häufig besungen wie die Liebe. Und kein anderes Gefühl hat so viele Facetten wie die Liebe. Wenn die Liebe erwidert wird und der geliebte Mensch einem nahe ist, dann bedeutet das das größte Glück. Wird die Liebe hingegen verschmäht, ist man entweder voller Sehnsucht oder furchtbar enttäuscht. Und geht eine Liebe zu Ende, dann ist der Schmerz groß. Liebeslieder passen also für alle Lebenslagen und obwohl es so viele davon gibt, werden sie niemals langweilig. Wer ein Liebeslied singt, kann sich der Aufmerksamkeit seiner Zuhörer sicher sein. Darauf zählt auch der Prophet Jesaja, als er für seine Zuhörer damals und für uns heute ein Liebeslied anstimmt. Es ist eine Ballade, die Musik ist heute leider nicht mehr bekannt. Aber man kann sich anhand der Worte vorstellen, dass es eine zärtliche, getragene Melodie war. Jesaja singt:

Lesung: Jes 5,1-2a

Die Zuhörer damals lauschen gespannt. Sie haben gleich erkannt, dass es eines dieser Liebeslieder ist, in denen jemand seine Liebe zeigt, indem er alles für den geliebten Menschen tut. Der Weinberg ist bei ihnen ein gängiges Bild für die geliebte Braut. Mit diesem Bild kann man die eigene Liebe und Hingabe gewandt ausdrücken, ohne vulgär zu wirken. Während Jesaja sein Lied singt, gehen die Gedanken der Zuhörenden zu den Menschen, die sie lieben. Ein Mann denkt an seine Braut. Unter großer Anstrengung hat er für sie ein Haus gebaut, damit es ihr an nichts fehlt. Er hat sich sogar darauf eingelassen, in ihr Dorf zu ziehen, weil dort ihre Familie und ihre Freunde wohnen. Es ist ihm nicht leichtgefallen, seine Heimat aufzugeben, aber für seine Braut würde er alles tun, nur damit sie glücklich ist. Neben ihm sitzt eine Mutter, die voller Liebe an ihren jüngsten Sohn denkt. Auf was hat sie nicht alles verzichtet, damit es ihm gut geht. Das beste Essen hat sie immer ihm gegeben, gutes pädagogisches Personal hat sie bezahlt, damit er einmal Erfolg hat im Leben und damit er es einmal besser hat als sie. Der junge Mann neben ihr denkt derweil an seine Arbeit. Sein beruflicher Erfolg ist seine große Liebe, der er alles andere unterordnet. Wie viele Überstunden hat er klaglos geleistet, um seinem Chef gute Ergebnisse präsentieren zu können. Sicherlich würde er bald befördert werden ... Mit seinem Lied vom Freund und dessen geliebtem Weinberg hat Jesaja die Zuhörenden direkt ins Herz getroffen. Voller Liebe denken sie daran, welche Opfer sie für ihre Lieben gebracht haben und wie viel ihre Lieben ihnen wert sind. Doch dann werden sie aufgeschreckt. Das zärtliche Lied ändert seine Melodie. Jedes Wort klingt nun wie ein Paukenschlag. Denn Jesaja singt:

Lesung: Jes 5,2b-4

Die Zuhörenden schütteln empört den Kopf. Das darf doch nicht wahr sein! All die Mühe – vergeblich! All die Liebe – unerwidert. Alle Liebesmüh verloren. Aber so ist das manchmal. Sie kennen das ja selbst. Der Bräutigam denkt an die Frau, die er vor seiner Braut umworben hat. Hat er ihr nicht ebenfalls alles gegeben, was sie sich gewünscht hat und am Ende hat sie ihn trotzdem verlassen? Bis heute versteht er nicht, warum. Die Gedanken der Mutter gehen zu ihrem älteren Sohn. Für ihn hat sie ebenfalls alles getan, und trotzdem war es nicht genug. Unter Vorwürfen hat er ihr den Rücken gekehrt und den Kontakt abgebrochen. Sie quält sich noch immer mit der

Frage, was sie falsch gemacht hat. Und auch der junge Mann kennt das Scheitern seiner Liebe. Bei seiner vorherigen Arbeitsstelle hat er sich genauso engagiert gezeigt, doch es wurde nicht honoriert. Stattdessen hat man ihn ausgenutzt und schließlich entlassen. Sofort spürt er wieder die Wut auf seinen ehemaligen Chef. Jesajas Lied hat die Zuhörer an ihre enttäuschte Liebe erinnert. Wieder spüren sie die Wut, die Fassungslosigkeit, die Trauer. Nun sind sie gespannt, wie dieses Lied wohl weitergeht. Was wird der Weinbergbesitzer tun? Mit einer Stimme, unheilvoll wie Donnergrollen, singt Jesaja nun:

Lesung: Jes 5,5.6

Aus dem romantischen Liebeslied ist ein zorniges Lied über enttäuschte Liebe geworden. Die Zuhörenden nicken zustimmend mit dem Kopf. Ja, das ist die richtige Reaktion auf die unerwiderte Liebe. Wer die liebevollen Geschenke nicht zu würdigen weiß, der hat sie auch nicht verdient. Wer den Schutz und die Fürsorge des Liebenden nicht zu schätzen vermag, der muss sich anderswo einen Beschützer suchen. Der Bräutigam erinnert sich daran, wie er von seiner ersten Liebe den Verlobungsring zurückgefordert hat. Und danach hat er alle wissen lassen, wie schäbig sie ihn behandelt hat. Die Mutter nimmt sich vor, ihrem ältesten Sohn nicht weiter hinterherzulaufen und auf eine Verständigung zu hoffen. Sie kann es nicht mehr ertragen, immer wieder abgewiesen zu werden. Den nächsten Schritt wird er tun müssen. Und der junge Mann denkt voller Genugtuung daran zurück, dass er seinen ersten Chef verklagt hat – und Recht bekommen hat. Wer so achtlos mit anderen Menschen umgeht, hat es nicht anders verdient. Die ersten Zuhörenden setzen dazu an, Beifall zu klatschen. Jesajas Lied hat ihnen aus der Seele gesprochen und sie in ihren Entscheidungen bestärkt. Doch halt – Jesaja ist noch gar nicht fertig. Das Lied geht noch weiter. Was kommt denn jetzt noch?

Langsam und eindringlich singt Jesaja seine Schlussworte: Jes 5,7

Gespenstische Stille. Die Zuhörenden sind schockiert. Der verschmähte Liebende – das sind nicht sie, das sind nicht wir – es ist Gott. Wir Menschen sind der Weinberg, die Geliebten und Umworbenen, die Gottes Liebe zurückweisen. Und weil wir Gott durch diese Zurückweisung verletzten, beschließt er, uns unserem Schicksal zu überlassen und sich nicht weiter um uns zu kümmern. Moment. Kann das sein? Ist Gott tatsächlich so: enttäuscht davon, dass seine Menschen seine Liebe nicht erwidern; zornig über diejenigen, die sich zu ihm bekennen, ihre Mitmenschen aber verletzten und schlecht behandeln; erbarmungslos mit denen, die sich an keine Regeln halten und nur die eigenen Vorteile suchen? Man würde es verstehen. Haben all diejenigen, die das Vertrauen Schwächerer missbraucht haben, nicht Gottes Strafe verdient? Geschähe es denen, die sonntags fromm in die Kirche rennen und werktags Streit mit ihren Nachbarn anzetteln, nicht recht, wenn Gott sie seinen Zorn spüren lassen würde? Bin ich selbst nicht so oft lieblos gegen andere und so selbstvergessen gegen Gott, dass er irgendwann einmal die Geduld mit mir verlieren müsste? Es geschähe mir recht. Es geschähe uns allen recht. Das ist die Botschaft von Jesajas Lied. Die Menschen damals gehen ertappt nach Hause, die einen bedrückt, die anderen wütend. Und einer singt klagend Psalm 25: Gedenke, Herr, an deine Barmherzigkeit!

Und wir? Was fühlen wir heute in diesem Gottesdienst in der Vorbereitungszeit zu Ostern? Wir hören eine zweite Stimme. Sie gehört Paulus. Er ruft uns zu: Nachdem wir durch den Glauben von unserer Schuld freigesprochen sind, haben wir Frieden mit Gott durch unseren Herrn Jesus Christus! (Röm 5,1) Denn Gott hat sich an seine Barmherzigkeit erinnert und sie war größer als sein Zorn. Seine Gnade zeigt sich am Kreuz. Dort trägt er unsere Schuld, unsere Ungerechtigkeit und unsere Lieblosigkeit. In seiner Barmherzigkeit vergibt er uns. In seiner grenzenlosen Liebe versöhnt er uns mit ihm und miteinander. Er schenkt uns Frieden, den wir nicht machen können. Wir bekommen nicht das, was wir verdient haben, sondern Gnade. Das Ende vom Lied ist: Gottes unendliche Barmherzigkeit. Amen.

Lied: 648,1-6 „Ach komm, füll unsre Seelen ganz“

Fürbittengebet

Du hast mein Herz im Sturm erobert.
Jeden noch so kleinen Winkel mit deiner Liebe geflutet.
Kann ein Herz größer werden, wenn es liebt? Oder fühlt es sich nur so an, weil es voll ist mit Liebe? Hätte ich gewusst, was mich erwartet, oh, ich hätte mich noch mehr danach gesehnt.
Aber jetzt, da mich deine Seele so berührt, weiß ich nicht, wohin mit mir vor Freude und Dankbarkeit.
Die Sonne scheint, selbst bei Regen, einfach aus meinem Innersten heraus. Weil du es gefüllt hast. Weil du mich ergänzt hast.
Einfach, weil du da bist und ich bei dir sein darf.
Ist das nicht das größte Glück, das der Mensch sich ersehen kann?
Und wenn du angekommen bist, werden dir Arme entgegengestreckt.
Und du fühlst Gefühle, die du nie zu fühlen gewagt hast, aus Angst, dich zu irren. Diese Unsicherheit, wie quälend sie zunächst auch sein mag, sie wurde überwunden und hat sich letztlich ausgezahlt.[2]

Vaterunser

Abkündigungen

Segensbitte

Segen

Musik zum Ausgang

---

2 Aus: Katja Zimmermann, Himmelherz. Mit dir an meiner Seite.

Okuli

Glockengeläut und Musik zum Eingang

Votum
Wir feiern diesen Gottesdienst im Namen des Vaters und des Sohnes und des Heiligen Geistes. Amen.

Begrüßung und Wochenspruch
Herzlich willkommen zum Gottesdienst! Schön, Sie alle zu sehen! Die meisten von Ihnen schauen gerade mich an. Sie sehen den Altar und das Kreuz.

Wenn wir heute im Gottesdienst über unsere Blickrichtung sprechen, dann geht es aber um unsere Herzensaugen. Die sehen oft mehr, als die Augen in unserem Gesicht. Aber auch sie können wir verschließen; auch auf ihnen können wir blind werden.

Im Wochenspruch heißt es:

Lk 9,62

Lied: 384,1-4 „Lasset uns mit Christus ziehen“

Psalm 23 und Ehre sei dem Vater

Kyrie

Tagesgebet

Herr, unser Gott,

mit den Augen des Glaubens sehen wir: Du sorgst für uns. Du begleitest uns. Du hilfst uns, wenn wir jemanden an unserer Seite brauchen. Voller Vertrauen kommen wir nun zu Dir und bitten Dich, dass Du uns genau das heute im Gottesdienst erleben lässt. In der Stille sagen wir Dir, wofür wir Deine Nähe und Hilfe brauchen.

Stille

Rufe mich an, so will ich dich erhören und du sollst mich preisen. Amen.

Schriftlesung

Gott sorgt für seine Menschen: 1. Kön 17,8-16

Glaubensbekenntnis

Lied: 96,1-6 „Du schöner Lebensbaum des Paradieses"

Predigt

Über Geld spricht man nicht. Das ist ungeschriebenes Gesetz in Deutschland und die meisten halten sich daran – ich mache heute eine Ausnahme. Normalerweise ist es ja so: Wieviel Geld wir haben und wofür wir es ausgeben, das geht niemanden was an – selbst dem Finanzamt geben manche von uns nur ungern Auskunft. Mir fallen sehr wenige Gelegenheiten ein, in denen gerne über Geld gesprochen wird: zum Beispiel, wenn eine große Spende übergeben wird. Das passiert dann öffentlichkeitswirksam in Anwesenheit eines Journalisten und eines Fotografen, sodass wir es am nächsten Morgen alle in der Zeitung lesen können: Spende für den Computerraum! Der

Rotary Club hat 1000 € an eine Einrichtung für straffällig gewordene Jugendliche gespendet, damit der Computerraum der Schule modernisiert werden kann. Oder: 8000 € für das Freibad! Der Förderverein des Freibads hat der Stadt 8000 € überreicht, damit ein neuer Filter im Freibad eingebaut werden kann. Oder: Der größte Arbeitgeber am Ort spendet 10.000 € für die Errichtung eines Klettergerüsts. Zur Verdeutlichung druckt die Zeitung meist nicht nur einen Bericht, sondern auch ein Bild, auf dem Geber und Empfänger in die Kamera lächeln und dabei einen überdimensionalen Scheck halten auf dem in großen Zahlen die gespendete Summe geschrieben steht. Wenn ich das dann lese, verfehlt es seinen Zweck nicht: Ich bin ehrlich beeindruckt – weil Menschen ihr hart erarbeitetes Geld nicht für das eigene Vergnügen ausgeben oder es in ihre Firma investieren, sondern mit anderen teilen und ihnen helfen; weil sie Gutes tun und die Welt damit ein bisschen besser und freundlicher machen; weil sie abgeben und zwar nicht nur ein bisschen. 1.000, 8.000, 10.000 € – das ist ja nicht gerade wenig. Klar, anders würde es auch kein Aufsehen erregen. Und wenn der Betrag zu klein wäre, wäre es eher peinlich, die Spende überhaupt bekannt zu geben. Stellen Sie sich nur mal vor, Sie würden morgen die Zeitung aufschlagen und dann sehen Sie ein Bild von mir, wie ich mit dem Ortsvorsteher vor dem Rathaus stehe. Ich halte einen großen Scheck in die Kamera und darauf steht: 5 €. Daneben verkündet eine große Überschrift: Kirche spendet 5 € für die Verschönerung des Dorfes. Vermutlich würden Sie sich fragen, ob das ein Witz sein soll. Und Sie würden sich fragen, warum um alles in der Welt die Zeitung so etwas druckt und warum ich mich nicht schäme, diese lächerlich kleine Spende überhaupt zu erwähnen. Aber ist sie denn lächerlich klein? Wie groß muss eine Spende sein, damit wir Anerkennung dafür bekommen? Und spenden wir vor allem deshalb, damit wir das Lob der anderen erhalten?

Gottes Wort für heute lädt uns ein, über diese Fragen nachzudenken. Es erzählt uns folgende Begebenheit:

Lesung: Mk 12,41-44

1. Die gottesdienstliche Kollekte

Ähnlich wie die Witwe sind auch Sie heute Morgen zum Gottesdienst gekommen. Viele von Ihnen werden beim Verlassen der Kirche Geld in den Opferstock werfen. Das leise Pling verrät, wenn die Münze auftrifft. Ein kaum wahrnehmbares Rascheln zeugt von einem Geldschein. Und nun die indiskrete Frage – keine Sorge, Sie müssen nicht laut antworten: Wieviel haben Sie gegeben? 50 Cent, 1 € oder 2 €? 5 € oder 10 €? Selten zählen wir 20 oder 50 €-Scheine. Es sei denn, es geht um ein besonderes Anliegen. Bei einer Trauung gibt die Familie normalerweise mehr als beim Gottesdienst am Sonntagmorgen. Wenn die Kollekte beim Erntebittgottesdienst für den Notfonds für Bauern bestimmt ist, dann geben die meisten von Ihnen auch mehr als sonst. Wenn sie dagegen für Zwecke bestimmt ist, die wir nicht mittragen wollen oder sie uns einfach nichts sagen, dann geben wir auch mal weniger oder gar nichts. Wir wägen also ab, wieviel wir geben wollen und zwar je nach Anlass und Zweck der Kollekte. Und daran ist auch gar nichts verkehrt.

Aber wieviel würden Sie geben, wenn die Situation so ähnlich wäre wie im Tempel von Jerusalem? Dann stünde neben der Spendendose der Kirchenpfleger und sobald Sie Ihre Kollekte eingeworfen haben, würde er laut den Betrag verkünden. Wenn dann alle vor Ihnen 5 € gegeben hätten, würden Sie sich sicherlich zweimal überlegen, ob Sie nur 2 € einwerfen. Man möchte ja nicht geizig wirken. Der Klingelbeutel funktioniert ein bisschen nach diesem Prinzip: der wird einem direkt vor die Nase gehalten und nichts einzuwerfen ist schon unangenehm. Das fühlt sich so an, als würde man eine unausgesprochene Regel verletzten oder einer Pflicht nicht nachkommen. Und wenn wir das Opfergeld mal zuhause vergessen haben, hoffen wir, dass keiner bemerkt, dass wir nichts eingeworfen haben. Zumindest geht mir das so.

Warum eigentlich? Schließlich ist es unser Geld und es steht uns frei zu geben oder nicht zu geben. Außerdem ist der Gottesdienst kein Konzert, zu dem wir Eintritt zahlen müssten. Jeder ist eingeladen – ob er nun etwas gibt oder nicht. Warum also denken wir, dass wir etwas geben sollten? Ist es schlicht eine Gewohnheit, an die wir uns halten, seit die Mutter uns als Kind eine Münze für die Kollekte mitgegeben hat? Ist es die Angst vor dem, was andere Menschen oder auch Gott über uns denken, wenn wir nichts geben? Ist es vielleicht das gute Gefühl, großzügig zu sein, anderen etwas zu schenken oder eine gute Sache zu unterstützen? Warum geben Sie etwas?

2. Zurückgeben von dem, was Gott mir schenkt

Jede Kollekte, die wir geben, ist zunächst einmal ein Zeichen der Solidarität: Wir unterstützen damit ein Projekt der Kirchengemeinde – die Renovierung der Kirche beispielsweise. Oder wir helfen damit anderen Menschen, die weniger haben als wir, wenn wir das Geld weitergeben an die Diakonie oder Brot für die Welt. Und doch ist das nur der offensichtliche und irdische Weg, den das Geld geht. Dahinter steht ja ein ganz anderer Gedanke: wir geben das Geld nicht Menschen, sondern wir bringen es Gott. Es ist ein Dankeschön, mit dem wir ein wenig von dem zurückgeben, was wir von ihm bekommen haben – und das ist so viel mehr als das, was wir in Geld zählen können. Unser Leben, unsere Gesundheit und dass wir hier in Deutschland derzeit in relativ großer Sicherheit leben. Dass wir arbeiten können und genügend zum Leben haben. Das nehmen wir oft ganz selbstverständlich hin. Im Gottesdienst werden wir immer wieder darauf gestoßen, dass das alles nicht unser Verdienst ist, sondern ein großes Geschenk Gottes. Unsere Kollekte ist eine Möglichkeit, Gott dafür zu danken. Und darum rufen wir – anders als im Jerusalemer Tempel – die Summe der einzelnen Gaben auch nicht laut auf. Was ich gebe ist eine Sache zwischen mir und Gott. Denn viel zu schnell wird es sonst zu einem Wettbewerb, wer mehr geben kann und auf diejenigen, die nichts haben, wird heruntergeschaut. Jesus schaut dagegen auf das, was hinter der Gabe steht und darum stellt er die Witwe als leuchtendes Vorbild heraus. Sie hat wohl nur wenige Münzen gegeben, aber sie waren alles, was sie hatte. Die anderen haben dagegen nur von ihrem Überfluss gegeben.

Das heißt nun nicht, dass die großzügigen Gaben der reichen Spender nichts wert wären. Wenn Jesus die Witwe lobt, ist das keine Verurteilung der anderen. Denn damals wie heute sind es eben die großen Beträge, die uns helfen teure Projekte umzusetzen und Menschen nachhaltig zu helfen. Auch wenn die Reicheren von ihrem Überfluss abgeben, ist es gut und keinesfalls selbstverständlich, dass sie es tun. Die Witwe aber ist im Vergleich zu ihnen etwas Besonderes, denn sie legt zusammen mit ihrem lächerlich kleinen Betrag noch einen anderen Wert in den Opferkasten: ihr Vertrauen darauf, dass Gott für sie sorgen wird.

3. Leben im Vertrauen auf Gottes Fürsorge

Ist das nicht unverantwortlich – alles hergeben, was man hat ohne an den nächsten Tag zu denken? Wie kann man nur so sorglos leben? Was wäre, wenn alle so handeln würden? Würde dann alles zusammenbrechen oder wäre gar alles besser?

Leider wissen wir nicht, wie es mit der Witwe weiterging. Ob Gott ihr Vertrauen belohnt hat und sie am nächsten Tag genügend zum Leben hatte oder ob sie ihre Gabe bereut hat. Meine Erfahrung und mein Glaube sagen mir, dass sie Gottes Fürsorge erlebt hat. Nach dem Abitur habe ich ein Jahr in einer Lebensgemeinschaft verbracht, die von Spenden gelebt hat. In manchen Monaten hat es an nichts gefehlt. Und manchmal war es wirklich nervenaufreibend, weil dringend Geld gebraucht wurde und keines kam. Dann haben wir zusammen gebetet und gewartet und gehofft und manchmal auch gezweifelt. Und immer wieder haben wir auf wunderbare Weise erlebt, wie Gott sorgt. Einmal ging ein Auto kaputt und ohne das zu wissen, rief uns einer an. Er hatte ein neues Auto gekauft und fragte, ob wir sein altes haben wollten. Ein anderes Mal ging einen Tag vor einer Zahlungsfrist eine anonyme Spende in genau der Höhe ein, die benötigt wurde. Ja, ich bin sicher, dass Gott das Vertrauen der Witwe nicht enttäuscht hat.

Heute kann ich mir trotzdem nur schwer vorstellen, dieses große Vertrauen auf Gottes Fürsorge jeden Tag zu wagen und allen Besitz einfach wegzugeben. Aber Gott hat mir ja sehr viel mehr geschenkt als nur Geld und vielleicht kann ich anderes großzügiger weggeben und

Gott dabei zutrauen, dass ich am Ende nicht selbst zu kurz komme: Ich kann meine Zeit denen schenken, die einen Zuhörer brauchen. Ich kann meine Freundschaft denen anbieten, die allein sind. Ich kann helfen, wenn jemand mich braucht. Und ja, ich kann auch Geld spenden und zwar ein bisschen mehr, als ich es bisher getan habe. Wichtig ist nicht, wie hoch der Betrag in Euro und Cent ist. Wichtig ist auch nicht, was andere von meiner Spende denken. Wichtig ist allein, was ich Gott mit meiner Gabe sagen möchte. Er versteht. Und er antwortet mit seiner Fürsorge. Amen.

Lied: 182,1-5 „Suchet zuerst Gottes Reich in dieser Welt“

Fürbittengebet

Himmlischer Vater,

du siehst uns und deine Welt. Hilf auch uns, genau hinzuschauen: auf die Schere in unserem Land zwischen Armen und Reichen. Auf die Menschen, die alles verloren haben und neu anfangen müssen. Auf diejenigen, die verletzt wurden durch Terrorismus und Gewalt.

Du bist ein Gott, der handelt. Hilf uns zu helfen, ohne eine Gegenleistung zu erwarten: denen, die krank sind. Denen, die Kranke und Sterbende pflegen. Denen, die alleingelassen sind.

Du bist ein Gott, der hört. Hilf uns, nicht nachzulassen im Gebet und Dir die Menschen anzuvertrauen, die Dich brauchen. Stärke die Traurigen. Erwecke die Müden. Wende die Herzen der Menschen einander zu und greife auch da ein, wo alles aussichtslos erscheint.

Himmlischer Vater,

du siehst uns und deine Welt. Hilf auch uns, genau hinzuschauen, damit wir Deinen Reichtum erkennen und uns weniger sorgen, daran nicht teilhaben zu können. Lass uns darauf vertrauen, dass Du für uns sorgst.

Vaterunser

Lied: 638,1-3 „Wo ein Mensch Vertrauen gibt“

Abkündigungen

Segensbitte

Segen

Musik zum Ausgang

Lätare

Glockengeläut und Musik zum Eingang

Votum
Wir feiern diesen Gottesdienst im Namen des Vaters und des Sohnes und des Heiligen Geistes. Amen.

Begrüßung und Wochenspruch
Herzlich willkommen zum Gottesdienst! In dir ist Freude in allem Leide – das bringt das Thema des heutigen Sonntags gut auf den Punkt. Es geht um eine Freude, die auch in den schwierigen Zeiten unseres Lebens Bestand hat. Eine Freude, die aus Gott kommt und darauf vertraut, dass er uns im Leid begleitet und uns daraus rettet.

Der Wochenspruch erinnert uns daran, dass erst aus dem Tod Freude über neues Leben entsteht.

Joh 12,24

Lied: 398,1.2 „In dir ist Freude"

Psalm 92 und Ehre sei dem Vater

Kyrie

Tagesgebet
Herr, unser Gott,

danke, dass du uns aufblühen lässt. Bei dir finden wir, was wir brauchen. Und so kommen wir heute Morgen zu dir und bringen dir unsere Sorgen. Sprich zu uns Worte, die Trost und Hilfe sind. Gib uns Kraft, für das, was vor uns liegt. Zeige uns, wie wir unser Leben so gestalten können, dass es Frucht bringt. Wir beten weiter in der Stille.

Stille
Rufe mich an, so will ich dich erhören und du sollst mich preisen. Amen.

Schriftlesung
Gott tröstet uns! Diese Botschaft hat Paulus heute für uns.
2. Kor 1,3-7

Glaubensbekenntnis

Lied: 98,1-3 „Korn, das in die Erde"

Predigt
Es geht wieder los! Gerade rechtzeitig zur beginnenden Gartensaison öffnen die Gartenmärkte wieder. Jetzt kann sich der Gärtner oder die Gärtnerin also alles besorgen, was für ein erfolgreiches Gartenjahr notwendig ist. Unverzichtbar sind die verschiedenen Samen, aus denen Blumen und Gemüsepflanzen herangezogen werden. Im Gartencenter hängen die Tütchen oft nebeneinander an einer Wand. Bildschön wetteifern verschiedene Gemüse- und Blumensorten dort um Aufmerksamkeit. Diese Wand mit den Samentütchen ist ein einziges großes Versprechen und voller Verheißung. Jedes Mal, wenn ich daran vorbeigehe, werfe ich einen Blick darauf und schon so manches Mal habe ich mich von interessanten Neuheiten inspirieren lassen. Dieses Mal fiel mir eine Radieschenmischung ins Auge. Ein bunter Strauß aus roten, gelben, lila und weißen Radieschen ist auf der Pa-

ckung zu sehen. Sehen die nicht toll aus? Zumindest auf der Verpackung. Ob sie wohl genauso farbenprächtig heranwachsen, wie auf dem Bild? Und sehen sie nur gut aus, oder schmecken sie auch? Ich frage mich, ob sich die verschiedenen Sorten im Geschmack unterscheiden. Sie merken: Die Samentüte hat mich neugierig gemacht. Sie hat mich so weit gebracht, sie zu kaufen. Doch eine Antwort auf meine Fragen erhalte ich nur, wenn ich die Samen nun auch tatsächlich aussäe. Ich ahne zwar schon, dass nicht alle Samen aufgehen werden. Ich fürchte auch, dass die Schnecken mal wieder schneller sein werden und so manches Radieschen wegfressen, bevor ich es ernten kann. Doch das ist kein Grund, die Samen in der Tüte zu lassen. Wenn ich sie nicht aussäe, finde ich nie heraus, wie die Radieschen werden und die Samentüte bleibt nichts weiter als eine geheimnisvolle Verheißung. Wäre das nicht schade?

Samen sind dazu da, ausgesät zu werden. Und Leben ist dazu da, gelebt zu werden. Das erklärt Jesus in dem Abschnitt aus Johannes, der für den heutigen Sonntag Predigttext ist: Joh 12,20-24.

Das ist mal eine Art, sich fremden Menschen vorzustellen! Kein vorsichtiges Herantasten und kein entspannter Smalltalk, um sich kennenzulernen. Stattdessen geht es gleich ums Ganze. Jesus ist kurz zuvor in Jerusalem angekommen. Er weiß, dass er hier sterben wird. Sein ganzes Leben war ein Leben für andere. Nun wird auch sein Tod ein Tod für andere sein. Für diejenigen, die ihn bisher nicht kennen, ist das schwer zu erklären. Daher verwendet Jesus ein Bild, das alle verstehen und das mehr sagt als Worte: Wenn das Samenkorn nicht ausgesät wird und stirbt, wird es keine Ernte geben. Das heißt: Wenn Jesus den Weg des Leidens nicht geht und wenn er nicht stirbt, dann wird es keine Auferstehung und keine Hoffnung auf neues Leben geben. Das Bild ist eindeutig. Für uns. Seinen Zuhörenden blieben Jesu Worte dagegen bis zum Schluss rätselhaft, obwohl er seinen Tod oft angekündigt hat. Doch wie sollten sie auch ahnen, was auf sie zukommen würde? Wer schon einmal einen sterbenden Menschen begleitet hat, weiß: man kann sich auf den Tod eines geliebten Menschen nicht vorbereiten. Selbst wenn wir ganz genau wissen, dass er kommt, können wir doch nicht vorausahnen, wie der Abschied sein wird; wie schwer es letztlich fällt, diesen Menschen loszulassen; wie sehr er fehlt, wenn er dann gestorben ist; wie groß die Trauer ist, wie lange sie uns begleitet und welche Hoffnungen uns am Ende trösten. Vielleicht finden wir am Ende tatsächlich Trost in der Gewissheit, dass nach dem Tod neues, ewiges Leben wartet. Vielleicht hilft uns dann das Bild vom Weizenkorn, das in die Erde fällt und stirbt, damit daraus neues Leben wachsen kann. Doch bevor der Tod eines anderen uns mit all seiner Härte trifft, können wir das nicht wissen. Wir können uns nur schwer auf den endgültigen Abschied von einem lieben Menschen vorbereiten. Aber wir können die gemeinsame Zeit, die uns bleibt, so nutzen, dass am Ende wenig Grund zur Reue besteht. Und wir können unseren Glauben stärken, indem wir auf Jesus schauen.

Leben ist dazu da, gelebt zu werden. Es ist dazu da, wie Samenkörner ausgesät und ausgeteilt zu werden, damit es Frucht bringt. Jesus zeigt uns, wie das aussehen kann. Dass er am Ende einen Tod für andere stirbt, ist ja nur die letzte Konsequenz aus einem Leben, das er für andere gelebt hat. Es war zum einen ein Leben für Gott: Alles, was Jesus gesagt und getan hat, weist auf Gott hin. Und es war zugleich ein Leben für die Menschen: Jesus wendet sich besonders denen zu, die sonst übersehen werden. Er gibt den Stummen eine Stimme. Er gibt den Lahmen die Möglichkeit zu tanzen. Er schenkt den Einsamen Gemeinschaft. Wenn Jesus Menschen begegnet, dann blühen sie auf. Sie entdecken ungeahnte Möglichkeiten. Sie lernen Gott neu kennen. Und sie ändern ihr Leben so, dass es nicht nur ihnen selbst, sondern auch anderen dient. Indem Jesus seine Lebenskraft mit ihnen teilt, leben sie auf. Was er sät, bringt schon zu seinen Lebzeiten und dann auch nach seinem Tod vielfältige Frucht hervor.

Leben ist dazu da, gelebt zu werden. Es blüht auf, wenn wir mit Anderen Zeit verbringen. Es entfaltet sich, wenn wir unsere Fähigkeiten und Möglichkeiten ausprobieren. Es trägt Frucht, wenn wir füreinander da sind und anderen unsere Liebe schenken. Wenn wir unser Leben so mit anderen teilen, können wir dabei die beglückendsten Erfahrungen machen und den Sinn unseres Lebens nicht nur entfalten, sondern auch im Rückblick mit dem Leben in Einklang bleiben. Doch natürlich setzen wir uns dabei immer auch der Gefahr aus, verletzt zu werden. Wenn wir jemandem unsere Liebe schenken, können wir zurückgewiesen werden. Die Zeit, die wir mit anderen verbringen, ist nicht nur bereichernd, sondern manchmal auch anstrengend und mühsam. Wer seine Fähigkeiten ausprobiert, ist nicht immer erfolgreich, sondern scheitert auch mal. Und wer den persönlichen Kontakt zu anderen sucht, macht sich verletzlich.

Leben ist dazu da, gelebt zu werden. Es ist zu wertvoll, um ungenutzt verschwendet zu werden. Es ist auch zu wertvoll, um achtlos weggeworfen zu werden. Uns bleibt die Aufgabe abzuwägen, wo zwischen diesen beiden Polen wir uns bewegen. Jesus hat sich damals bewusst dafür entschieden, sein Leben für andere zu leben und zwar so konsequent, dass er dafür auch bereit war, in den Tod zu gehen. Das Samenkorn fiel in die Erde und starb. Und es brachte Frucht. Sein Leben macht uns Mut, unser Leben zu wagen. Sein Tod schenkt uns Vergebung für all die Möglichkeiten, die wir nicht genutzt haben. Seine Auferstehung gibt uns Hoffnung, dass Verletzungen geheilt werden können, dass Neues möglich ist und dass uns nach dem Tod ewiges Leben erwartet. Wenn das Weizenkorn nicht in die Erde fällt und erstirbt, bleibt es allein. Wenn es aber erstirbt, bringt es viel Frucht. Samen sind dazu da, ausgesät zu werden und Leben ist dazu da, gelebt zu werden. Amen.

Lied: 97,1-4 „Holz auf Jesu Schulter“

Fürbittengebet

AUFERSTEHUNG

Immer wieder
mitten im Leben
stehen wir auf
zum Leben
Sterben
um aufzustehen in voller Blüte
in frischem Gewand
Altes Laub
liegt noch auf den Beeten
es darf weggekehrt werden
Dem Neuen Platz machen
und doch hat Altes Sinn und Zweck
Das Weizenkorn fällt in die Erde
stirbt
und bringt viel Frucht
Es braucht das Kreuz
und die Traurigkeit
auch wenn Begreifen
oftmals schwer ist
Alt und Neu verbinden
Brücken bauen
Auferstehung feiern
Ersehnt und erhofft
und fest geglaubt:
Auferstehung von den Toten
Das Licht des Lebens
kann in Unendlichkeit
tragen durch die Zeit[3]

Vaterunser

Abkündigungen

Segensbitte

Segen

Musik zum Ausgang

---

3 Aus: Kerstin Müllers, Sei mit uns in deiner Liebe. Gebete und Texte für das Kirchenjahr. © 2023 Neukirchener Verlagsgesellschaft mbH, Neukirchen-Vluyn, S. 242.

Judika

Glockengeläut und Musik zum Eingang

Votum
Wir feiern diesen Gottesdienst im Namen des Vaters und des Sohnes und des Heiligen Geistes. Amen.

Begrüßung und Wochenspruch
Herzlich willkommen zum Gottesdienst! Judika heißt der heutige Sonntag. Schaffe mir Recht! So lautet die Bitte des Psalmbeters. Sie nimmt uns heute hinein die die Abgründe von Leid und Schmerz und der Erfahrung, dass Gott sich manchmal lange bitten lässt, bevor er uns hilft. Doch wir hören auch davon, dass auf das Leid Erlösung folgt. Der Wochenspruch weist darauf hin, dass das eine ohne das andere nicht zu haben ist.

Mt 20,28

Lied: 446,1-4 „Wach auf, mein Herz, und singe"

Psalm 43 und Ehre sei dem Vater

Tagesgebet

Herr, unser Gott,

hier stehen wir und suchen Deine Gegenwart. Wir bringen Dir unsere Freude über das, was in der vergangenen Woche gelungen ist. Wir danken Dir für Stärkung auf mühsamen Wegen. Und wir bitten Dich um Deine Hilfe und Deine Begleitung durch die kommende Woche.

Schenke uns Gelassenheit im Blick auf das, was uns nicht gelungen ist. Schenke uns Heilung, wo wir verletzt worden sind. Und gib uns einen langen Atem, wo wir uns abmühen und nicht ans Ziel zu kommen drohen. Herr, in deiner Gegenwart finden wir neue Hoffnung. Rühre uns an und gib uns Kraft zum Leben. Wir beten weiter in der Stille.

Stille
Harre auf Gott; denn ich werde ihm noch danken, dass er meines Angesichts Hilfe und mein Gott ist. Amen.

Schriftlesung: Hebr 5,7-9

Wer im Leid auf Gott vertraut, dem wird er helfen. Der Hebräerbrief wirft einen Blick auf Jesus.

Glaubensbekenntnis

Lied: 76,1+2 „O Mensch, bewein dein Sünde groß"

Predigt
Wir Deutschen gelten als Weltmeister im Jammern. Schön ist das nicht, ein Jammerlappen will schließlich keiner sein. Trotzdem scheinen Schimpfen, Klagen und Jammern unsere Lieblingsbeschäftigungen zu sein. Und in der letzten Woche gab es dazu wieder jede Menge Anlass. Eine Hiobsbotschaft folgte auf die andere: *Hier bitte einige tagesaktuelle Themen nennen.* Die Empörung und der Frust sind groß. Wir leben in einem Zeitalter multipler Krisen. Das bedeutet nicht nur, dass wir mehrere Krisen gleichzeitig schultern, sondern

auch, dass diese sich gegenseitig bedingen und dabei immer neue Krisen hervorbringen. Was also liegt näher als zu schimpfen, zu jammern und zu klagen? Das macht die Sache zwar nicht besser, aber es macht der Seele Luft. Und vielleicht findet sie am Ende der Klage dann auch wieder einen Hoffnungsschimmer, der hilft, das Elend zu ertragen.

So wie Hiob, von dem wir heute hören. Er war ein wahrer Experte im Klagen. Und er hatte auch wirklich Grund dazu: Seine Kinder sterben bei Unglücken und sein großer Reichtum wird durch Diebe und Katastrophen nach und nach vernichtet. Die vielen schlechten Nachrichten werden von Boten überbracht, die sich nacheinander die Klinke in die Hand geben. Bis heute nennen wir furchtbare Neuigkeiten daher Hiobsbotschaften. Hiob nimmt das Unheil allerdings erstaunlich gelassen auf. Er vertraut darauf, dass Gott weiß, was er tut und sagt sich: „Der HERR hat‘s gegeben, der HERR hat‘s genommen; der Name des HERRN sei gelobt!“ (Hi 1,21). Was Hiob nicht weiß: Er steckt mitten in einem Experiment. Gott hat Satan erlaubt, ihn zu prüfen. Denn Satan war der Meinung, dass Menschen nur dann fromm und treu an Gott glauben, wenn es ihnen gut geht. Gott wollte hingegen anhand von Hiob beweisen, dass das Gottvertrauen von Menschen auch im Leid bestehen bleibt. Ein fieses Experiment! Und doch ein lohnendes Gedankenspiel: Wie gut muss es mir gehen, damit ich Gott vertraue? Wie sehr muss ich Gottes Nähe spüren und seine Hilfe erleben, um zu glauben, dass er es gut mit mir meint? Und was geschieht, wenn die Welt um mich herum zusammenbricht, wenn geliebte Menschen sterben und ich meine finanzielle Sicherheit verliere? Kann ich dann trotzdem wie Hiob sagen: „Der HERR hat‘s gegeben, der HERR hat‘s genommen; der Name des HERRN sei gelobt!“?

Manchmal braucht es viel weniger als das, um unser Gottvertrauen heftig ins Wanken zu bringen. Doch die Geschichte geht noch einen Schritt weiter: Als nächstes wird Hiob von schrecklichen Krankheiten geplagt. Jetzt bleibt ihm überhaupt nichts mehr von dem, was sein Leben zuvor lebenswert gemacht hat. Alles hat er nun verloren.

Seine Frau ist der Meinung, dass spätestens jetzt der Zeitpunkt gekommen ist, Gott zu verfluchen. Sie kann die schrecklichen Schmerzen und den furchtbaren, ausgezehrten Anblick ihres Mannes nicht ertragen. Und sie kann nicht verstehen, dass Gott dieses Leid zulässt. Wie kann ein angeblich guter Gott so unbarmherzig sein? Wie kann er die Liebe sein und trotzdem nichts gegen das Elend tun? Das passt für sie nicht zusammen. Enttäuscht wendet sie sich von Gott ab. Hiobs Frau steht stellvertretend für all die Menschen, die angesichts von großem Leid das Vertrauen in Gott verlieren. Sie bitten ihn um Hilfe, aber nichts geschieht. Sie fragen nach einer Antwort, doch Gott schweigt. Der Glaube ringt ums Überleben, doch der Zweifel siegt. Wenn Gott sich vor den Menschen verbirgt und rätselhaft bleibt, dann schwindet das Vertrauen. Und bevor wir vorschnell über zweifelnde und verzweifelnde Menschen urteilen, sollten wir uns fragen: Wie lange halte ich es aus, keine Antwort von Gott zu bekommen? Wie stark kann der Zweifel werden, bevor der meinen Glauben besiegt? Wann würde ich am liebsten wie Hiobs Frau sagen: „Jetzt reicht es mir! Ich kann und ich will nicht mehr an diesen Gott glauben, der mich so im Stich lässt“?

Hiob lässt sich von den Zweifeln seiner Frau nicht beirren. Er fragt nur: Haben wir Gutes empfangen von Gott und sollten das Böse nicht auch annehmen? Doch dieses Böse lässt ihn natürlich nicht unberührt. Fast noch schlimmer als die Trauer, die Hilflosigkeit und das körperliche Elend ist für Hiob die Frage, weshalb ihn das Leid trifft. Hat er selbst etwas falsch gemacht? Er kann sich allerdings nicht entsinnen, wodurch er eine solche Strafe verdient hätte. Hat Gott etwa einen Fehler gemacht? Als drei seiner Freunde ihn besuchen und mit ihm über sein Unglück trauern, da bricht sein Elend aus ihm heraus. Er wünscht sich, nie geboren zu sein. Und er hält Gott vor, ihn zu Unrecht zu bestrafen. Seine Freunde erschrecken. Darf man das – Gott anklagen? Sie versuchen Hiob davon zu überzeugen, dass er niemals Gott die Schuld geben darf. Sie versuchen, andere Antworten auf das Leid zu finden: Der eine ist der Meinung, dass Hiob wohl irgendwie doch selbst schuld sein muss an seinem Unglück – schließlich ist kein Mensch schuldlos. Der andere denkt, dass Gott Hiob damit erziehen und ihm etwas Wichtiges für sein Leben beibringen möchte. Der dritte meint, dass Hiob nur weiter glauben solle, dann würde Gott ihn schon belohnen. Diese Antworten bekommen Menschen in Trauer, Krankheit und Leid noch heute zu hören. Es sind Antworten, die uns vorschnell auf der Zunge liegen, weil sie plausibel klingen. Doch diese Antworten kommen damals wie heute meist nicht gut an. Und das zu Recht, denn sie machen den Leidenden für sein Unglück selbst verantwortlich. Sie unterstellen: Du hast falsch gelebt. Oder: Du hast nicht genug geglaubt. Jeder Ratschlag ist ein Schlag ins Gesicht. Auch die Antwort, dass Gott einem mit dem Leid etwas Gutes beibringen möchte, ist zynisch. Sie legt dem Leidenden die Verantwortung auf, dem Leid einen Sinn und ein Ziel abzugewinnen. Aber was, wenn da kein Sinn dahinter ist? Was, wenn das Leid für den Leidenden unerklärlich bleibt? Heute wie damals fühlen sich Menschen daher von solchen Freunden und Ratgebern unverstanden und im Stich gelassen. Und so klagt Hiob: Hi 19,19-24

Hiob findet in den Antworten seiner Freunde keinen Trost. Und er macht die gleiche Erfahrung wie viele Menschen in ihrem Schmerz: dass andere zunächst mit wohlmeinenden Ratschlägen und Erklärungen Trost spenden wollen, sich schließlich aber abwenden. Weil der Leidende in ihren Worten keinen Trost findet. Weil seine Klagelieder irgendwann zu eintönig und zu anstrengend werden. Weil sie das Leid irgendwann nicht mehr ertragen und sich – vielleicht auch aus Selbstschutz – in Sicherheit bringen. Und der Leidende? Er bleibt auf sich allein zurückgeworfen. Der Schmerz über sein Unglück nimmt ihn gefangen und fokussiert ihn ganz auf sich selbst. Doch der Rückzug führt nur in die Einsamkeit und Verlassenheit. Und von dort aus ist es nur noch ein kleiner Schritt, bis man vergessen und bedeutungslos ist.

In seiner Klage benennt Hiob diesen Schmerz: sein körperliches Elend, die Ablehnung der Freunde und auch die Verantwortung Gottes. Klage darf sein. Klage muss manchmal auch sein. Sie macht der Seele Luft, fasst den Schmerz in Worte und sie kann den Horizont wieder weiten. Denn manchmal – nicht immer, aber manchmal – führt sie uns zu dem, was uns in unserem Unglück trägt und sie vergewissert uns, welche Hoffnung uns hält. Hiobs Klage endet mit der Einsicht, dass er Gott noch immer vertraut. Gott wird das Leid beenden, darauf hofft Hiob und das gibt ihm Kraft, sein Unglück zu ertragen. Hiob hält fest: Hi 19,25-27

Lied: 526,1+2+5+6 „Jesus, meine Zuversicht"

Fürbittengebet

Herr unser Gott,

manchmal suchen wir dich und finden dich nicht. Du bist nicht da, wo wir dich zu wissen meinen. Du bist nicht so, wie wir dich geglaubt haben. Und doch ahnen, hoffen, glauben wir: du bist da.

Erweise deine Nähe, wo nichts und niemand mehr nah ist, wo es nichts mehr zu hoffen gibt, wo Lebensentwürfe und -träume zerfallen.

Erweise deine Nähe, wo Worte und Verstehen enden, wo das Wort „Gott" nichts mehr sagt, wo der Glaube unter den Zweifeln wankt.

Erweise deine Nähe, wo das Elend zu groß ist, um es zu begreifen, wo das Dunkel ohne Widerspruch regiert, wo die tiefe Nacht alle Gewissheiten raubt.

Erweise Deine Nähe, wo der Tod den Abschied von allem fordert und Menschen zwingt, sich selbst zu verlassen.

Erweise Deine Nähe, wo du fern bist, bei denen, die sich selbst überheben, die andere dem eignen Vorteil opfern, die keine Gnade und keine Vergebung kennen.

Herr, unser Gott, manchmal bist du uns verborgen. Du fehlst uns und wir ahnen doch, dass du näher bist, als wir es fassen können. Lass uns deine Nähe spüren. Wir halten uns fest an Hiobs Hoffnung: dass du, unser Erlöser, lebst und auf dieser Erde das letzte Wort haben wirst. Mit eigenen Augen werden wir dich sehen. Danach sehnen wir uns.

Vaterunser

Lied: 374,1+2+5 Ich steh in meines Herren Hand

Abkündigungen

Segensbitte

Segen

Musik zum Ausgang

Palmsonntag

Glockengeläut und Musik zum Eingang

Begrüßung und Wochenspruch
Herzlich willkommen zum Gottesdienst! Am heutigen Palmsonntag erinnern wir uns daran, wie Jesus auf einem Esel in Jerusalem einzog und dabei unter großem Jubel empfangen wurde. Doch das Halleluja währt nicht lang und schon bald rufen die gleichen Stimmen: „Kreuzige ihn!" Auf die Erhöhung folgt also der Fall – oder ist alles vielleicht ganz anders? Der Wochenspruch deutet das Kreuz als Erhöhung und interpretiert es so:

Joh 3,16

Lied: 91,1.4-6 „Herr, stärke mich, dein Leiden zu bedenken"

Hymnus aus Phil 2,5-11

Entfällt: Ehre sei dem Vater

Tagesgebet

Jesus Christus,

in diesen Tagen sind wir voller Angst und Sorge. Unsere Gedanken kreisen um das Geschehen in der Welt. Wir spüren, wie verletzlich wir sind und wie wenig Sicherheit es gibt. Wir wenden uns an Dich, denn Du verstehst uns. Du hattest Angst. Du hast gelitten. Du bist gestorben. Sei uns nahe mit deinem Trost und schenke uns Hoffnung. Dir vertrauen wir uns an und wir sagen Dir, was uns bewegt.

Stille

Rufe mich an so will ich dich erhören und du sollst mich preisen. (Ps 50,15)

Schriftlesung: Joh 12,12-19

Glaubensbekenntnis

Lied: 14,1-3 „Dein König kommt in niedern Hüllen"

Predigt

Prioritäten setzen

Verschobene Prioritäten: Was ist wichtig?

Die vergangene Zeit hat unser Leben durcheinander gewirbelt. Wir stolpern von einer Krise in die andere. Jede Krise verändert unsere Sicht auf das Leben und die Welt. Mit jeder Krise verschieben sich unsere Prioritäten und wir sind immer wieder gezwungen, uns zu fragen, was wirklich wichtig ist. Während wir die Nachrichten verfolgen, ahnen wir plötzlich auch, welche Berufe tatsächlich wichtig sind. Es sind nicht die hochbezahlten und angesehenen Berufe, es sind nicht die Banker oder die Manager. Nein, es sind die Landwirte, die unsere Nahrungsmittel produzieren. Es sind die LKW-Fahrer, die die Waren durch das Land transportieren. Es sind die Mitarbeiterinnen in den Supermärkten, die die Versorgung sicherstellen. Und natürlich die Pflegekräfte und Ärzte, die den Kranken helfen. Die Krisen haben unseren Blick verändert. Wir fragen: Was ist wirklich wichtig? Und wir geben heute ganz andere Antworten auf diese Frage als vor fünf Jahren.

Der heutige Predigttext fragt uns ebenfalls: was ist wirklich wichtig? Mk 14,3-9.

Da sitzen sie zusammen um den Tisch und genießen das Mahl – Jesus und seine Jünger und ihr Gastgeber Simon. Die Stimmung ist heiter und unbeschwert. Simon freut sich, dass Jesus ausgerechnet ihn mit seinem Besuch beehrt. Die Jünger freuen sich, ein anständiges Essen serviert zu bekommen, bevor sie mit Jesus weiterziehen. Keiner von ihnen will wahrhaben, dass sich ihre gemeinsame Zeit zu Ende neigt. Keiner will sich damit auseinandersetzen, dass Abschied, Leid und Tod direkt vor der Tür lauern. Dabei hat Jesus sie vorgewarnt. Immer wieder hat er angekündigt, was ihn in Jerusalem erwarten wird. Doch die Jünger sind Menschen wie wir. Sie verdrängen den Gedanken an Leid und Tod, solange es geht und klammern sich an die Normalität so lange wie möglich. Und so ist dieser Abend für sie einer wie so viele andere. Nur Jesus weiß, dass ihm nur noch wenige Tage bleiben, bevor er sterben wird. Und die unbekannte Frau? Auch sie ahnt vermutlich nicht, was Jesus erwartet. Aber sie möchte Jesus etwas Gutes tun. Warum? Das wissen wir nicht. Weshalb ausgerechnet mit kostbarem Öl? Auch das bleibt ihr Geheimnis. Die Frau sagt kein einziges Wort. Sie lässt lieber Taten sprechen. Die Männer am Tisch haben dazu nun allerdings sehr viel zu sagen. Und ihre Worte zeigen deutlich, wie sie die Welt sehen und was für sie wirklich wichtig ist: es sind – wenig überraschend – Geld und Liebe.

1. Die Priorität der Wirtschaftlichkeit

Die erste Frage zielt auf das Geld: Warum wurde dieses kostbare Öl so verschwendet? fragen die, deren Blick sofort den Wert des Öls erfasst. Unfassbar erscheint es ihnen, einen solchen Schatz einfach auszugießen. Sie wissen, dass ein Arbeiter ein ganzes Jahr dafür schuften müsste. Entsetzt sehen sie zu, wie der Gegenwert eines ganzen Jahreseinkommens langsam vor ihren Augen von Jesu Kopf auf den Boden tropft. Was für eine Verschwendung! klagen sie und sie haben ja Recht: aus wirtschaftlicher Sicht ist diese Tat ein absolutes Desaster.

Man kann die Klage gut verstehen, denn wir sind es ebenfalls gewohnt, Dinge nach ihrem Wert zu beurteilen. Wer hart für sein Geld arbeitet, dem ist jegliche Verschwendung zuwider. Wir überlegen gut, was wir kaufen und wir pflegen unsere großen und kleinen Schätze, damit sie uns lange Freude bereiten. Die meisten von uns brauchen nicht ständig den aktuellen Modetrend, das modernste Handy oder das neuste Auto. Der Wirtschaft hingegen wäre es natürlich recht, wenn wir all das kaufen würden. Denn wenn der Gewinn steigt, sind die Arbeitsplätze sicher. Und das ist tatsächlich viel wert. Es ist viel wert, ein sicheres Einkommen und genug Geld zum Leben zu haben. Kein Wunder also, dass die Politik deshalb bis vor Kurzem vor allem danach gefragt hat, wie sie die Wirtschaft unseres Landes stärken kann. Doch dann kam die eine oder andere Krise und auf einmal haben sich die Prioritäten verschoben. Nun heißt es: Gesundheit ist wichtiger als Arbeit. Frieden ist wichtiger als Arbeit. Ein gesunder Planet ist wichtiger als Arbeit. Zwar nicht absolut und immer, aber so weit, wie nötig. Denn die Wirtschaft kann sich wieder erholen, Arbeitslose können neue Arbeit finden – aber Tote bleiben für immer tot.

2. Die Priorität der Nächstenliebe

Der Blick hat sich angesichts von Krankheit, Krieg und Tod verändert. In den Fokus rücken jetzt die Menschen, die am meisten gefährdet sind: diejenigen, die schwach, krank und verwundbar sind und diejenigen, die ein hohes Alter erreicht haben. Vielleicht gehören wir selbst dazu. Vielleicht sind es Menschen, die wir gut kennen: Freunde und Nachbarn, Eltern und Großeltern und auch die Kinder. Wir wissen: jede und jeder davon ist ein einzigartiger Mensch, dessen Leben wichtig und wertvoll ist. Und das gilt auch für die große Masse derer, die wir nicht persönlich kennen. Deshalb darf es uns auch einiges kosten, sie zu schützen. Es darf so viel kosten, dass einem bei der Summe ganz schwindlig wird. Doch Menschenleben sind unbezahlbar. Und die Bereitschaft, füreinander da zu sein und einander zu helfen kann dabei groß werden. Die Nächstenliebe, die im Alltag so oft untergeht, kann an ganz vielen Orten sichtbar werden: wenn Menschen zum Telefon greifen, um die Einsamkeit zu vertreiben; wenn sie sich für Minderheiten einsetzen oder praktische Hilfe denen zukommen lassen, die unter den Krisen dieser Welt leiden.

Auch den Jüngern ist der Gedanke gekommen, dass Nächstenliebe wichtiger ist als Geld. Ihr Vorwurf an die Frau mit dem Salböl lautet deshalb: Sie hätte es für ein kleines Vermögen verkaufen und das Geld den Armen geben können! Und wie vielen Armen hätte man mit so viel Geld helfen können! Wäre das außerdem nicht ganz im Sinne Jesu gewesen? Schließlich hat er selbst einem reichen jungen Mann empfohlen, alles zu verkaufen, was er hat und das Geld den Armen zu spenden. Und Jesus hatte immer die Menschen im Blick, die Hilfe besonders nötig hatten. Die Kranken hat er geheilt. Die übersehenen Kinder hat er ernst genommen. Die verachteten Zöllner hat er besucht. Auf viele verschiedene Weisen hat er gezeigt, wie wichtig Gott die Menschen sind und wie sehr er sie liebt.

3. Die Priorität der Gottesliebe

Deshalb sind die Jünger erstaunt, dass Jesus ihre Meinung nicht teilt. Ja mehr noch: er gibt der unbekannten Frau recht und verteidigt ihr Tun: „Lasst sie in Ruhe. Sie hat mir doch etwas Gutes getan!“ sagt er. Und das zeichnet diese Frau tatsächlich aus. Die meisten Menschen, die zu Jesus kamen, kamen mit einem Anliegen. Sie wollten geheilt werden. Sie wollten gesegnet werden. Sie wollten Gottes Worte hören. Sie kamen, um etwas von Jesus zu bekommen. Diese Frau aber kommt, um ihm etwas zu schenken. Kein Wunder, dass sie die Jünger damit irritiert! Und auch für uns wird sie zur herausfordernden Frage: Wie begegnen wir Gott? Kommen wir nur zu ihm, weil wir uns etwas von ihm erhoffen? Oder kommen wir manchmal auch zu ihm, um ihm etwas zu bringen? Ein Gebet voller Dank; ein Lied, das Gott lobt und ihm die Ehre gibt; ein Zeichen dafür, dass wir Gott lieben und er für uns das Wichtigste ist. Es müssen keine großen Gesten sein, wenn sie nur von Herzen kommen.

Das Salböl der unbekannten Frau wird zu einem Geschenk mit ganz besonderer Bedeutung: „Sie hat meinen Körper im Voraus zum Begräbnis gesalbt.", sagt Jesus. Das kostbare Öl ist nicht verschwendet und es kommt auch nicht der falschen Person zugute. In diesem Moment ist es die richtige Tat zur rechten Zeit. Denn angesichts des nahen Todes wird es keine weitere Gelegenheit mehr geben, um Jesus auf ein würdiges Begräbnis vorzubereiten. Das aber ist den Jüngern nicht klar. Es kann ihnen gar nicht klar sein, denn sie sehen diesen Tod noch nicht kommen. Ihre Fragen sind daher auch nicht falsch und ihre Prioritäten nicht verkehrt. Sie zeigen vielmehr, dass es keine letztgültige Antwort gibt auf die Frage, was wirklich wichtig ist. Denn die Antwort verändert sich mit jedem Moment und mit jeder Situation. Es braucht daher einen aufmerksamen Blick für die Gegenwart, um zu erkennen, was dran ist. Manchmal ist es tatsächlich das Wichtigste, sich um das Geld zu kümmern. Manchmal ist die Liebe zu unseren Mitmenschen das Wichtigste. Und manchmal ist es Zeit, sich Gott zuzuwenden und ihn zu beschenken.

Was ist Ihnen wichtig? Was ist Ihnen heute wirklich wichtig?

Amen.

Lied: 130,1-3 „O heilger Geist kehr bei uns ein"

Fürbittengebet

Himmlischer Vater,

wir sind ratlos und wir bringen unsere Ratslosigkeit vor dich. In diesen unsicheren Zeiten fragen wir uns, was wirklich wichtig ist. Hilf uns zu erkennen, was heute für uns dran ist.

Himmlischer Vater, wir sind in Sorge und wir bringen unsere Sorge vor dich. Menschen verlieren ihre Arbeit, ihr Einkommen ist gefährdet. Hilf ihnen in dieser schweren Zeit.

Himmlischer Vater, wir haben Angst und wir bringen unsere Angst vor dich. Unsere Gesundheit und unser Leben sind bedroht. Hilf uns, uns und andere zu schützen.

Dankbar sind wir für alle Menschen, die uns Mut machen, und wir bringen unseren Dank für sie vor dich. Mitten hinein in unsere Angst schenkst du uns das Leben. Du schenkst uns Musik, Gemeinschaft und die Fürsorge unserer Freunde und Nachbarn. Du schenkst uns Inspiration, Freundlichkeit und Mut. Du schenkst uns den Glauben, die Liebe und die Hoffnung. Wir danken dir für deine große Liebe zu uns und für alle Momente, in denen wir deine Nähe und deine Fürsorge erleben. Dir vertrauen wir uns an – heute und morgen und an jedem neuen Tag.

Vaterunser

Lied: 97,1-6 „Holz auf Jesu Schulter"

Abkündigungen

Segensbitte

Segen

Musik zum Ausgang

Passionsandacht zu Gründonnerstag

zu Sieger Köders „Am Ölberg" und „Die Nacht am Ölberg"

Glockengeläut und Musik zum Eingang

Votum
Wir feiern diese Passionsandacht im Namen des Vaters und des Sohnes und des Heiligen Geistes. Amen.

Begrüßung
Herzlich willkommen zu unserer Passionsandacht an Gründonnerstag. Wir begleiten Jesus und seine Jünger heute Abend in den Garten Gethsemane. Es ist ein dunkler Ort, an dem die Jünger vom Schlaf überwältigt werden, während Jesus gegen seine Angst ankämpft. Doch aus der dunklen Nacht von damals fällt ein Licht der Hoffnung auf uns, damit das Dunkel uns nicht überwältigt und die Angst weichen muss.

Lied: 88,1+2+6 „Jesu, deine Passion"

Psalm 69

Gebet
Himmlischer Vater,

es ist Abend geworden und die Dunkelheit hat sich um uns herum ausgebreitet. Wir danken dir für alles Frohe, das unseren Tag erhellt hat. Dir bringen wir die Sorgen und Ängste, die unseren Tag verdunkelt haben. Nimm die Last dieses Tages von uns. Lass uns spüren, dass du nahe bist und hilf uns zu vertrauen, dass du uns nicht allein lässt. Amen.

Lied: 95,1+2 „Seht hin, er ist allein im Garten"

Ansprache zu Lk 22,39-46

1.

„Wer hat Angst vor dem Wolf?" so erklingt es manchmal, wenn eine Gruppe von Kindern miteinander spielt. Der „Wolf" ruft die Frage herausfordernd dem Rest der Gruppe zu. Und die antwortet laut und selbstsicher: „Niemand!" – „Und wenn er kommt?", fragt der Wolf. „Dann laufen wir davon!", johlen die Kinder und stürmen los. Sie weichen dem Wolf aus, der sie zu fangen versucht und retten sich auf die andere Seite des Spielfelds, wo sie sicher sind. Wer gefangen wird, wird in der nächsten Runde ebenfalls zum Fänger. Schon bald hat sich das Verhältnis von Fängern zu Spielern gedreht. Dann ruft ein vielstimmiger Chor: „wer hat Angst vorm Wolf?" und nur noch eine einzelne Stimme antwortet trotzig: „Niemand!" Doch meist klingt das schon ein wenig verzagt, denn der letzte Spieler weiß ja, dass das Spiel praktisch vorbei ist und es kein Entkommen gibt. Schon seit dem Mittelalter wird dieses Spiel unter verschiedenen Namen gespielt. Die Kinder laufen dabei fröhlich dem Wolf davon, der für das Böse, das Bedrohliche, ja sogar für den Tod steht. Und sie machen dabei eine Erfahrung, die für das ganze Leben gilt: dass die Bedrohung größer wird, je weniger Menschen an unserer Seite sind und dass man dem Tod am Ende nicht entkommen kann, so gerne man ihm auch davonlaufen würde. Besonders gerne würde man das, wenn der Tod nicht sanft und friedlich kommt, sondern mit Qual und Schmerzen. Sich dem und der eigenen Angst zu stellen, ist wahrlich kein Kinderspiel.

Das sehen wir auch an Jesus. Gerade eben hatte er mit seinen Jüngern noch das Passahmahl gefeiert. Fröhlich hatten sie zusammengesessen und Brot und Wein geteilt. Ein wenig bedrückt war die Stimmung geworden, als Jesus von Verrat und seinem nahen Tod gesprochen hatte. Doch Jesus hatte wie immer souverän gewirkt, wie jemand, der seinen Weg kennt und ihn voller Gewissheit und Gottvertrauen geht. Und die Jünger hatten sich mit dem Gedanken getröstet, dass sie Jesus mutig und entschlossen verteidigen würden. Wer hat Angst vor Verhaftung, Leid und Tod? Entschlossen antwortet die Gruppe um Jesus: Niemand!

2.

Doch nun sind sie im Garten Gethsemane. „Betet, dass ihr nicht in Versuchung kommt!", beschwört Jesus seine Jünger. Dann geht er einige Schritte weiter, um wie so oft das Gespräch mit seinem himmlischen Vater zu suchen. Die Jünger bleiben allein zurück. Was dann geschieht, hat Sieger Köder in diesem Bild festgehalten, das er „Am Ölberg" nennt. Während Jesus im Hintergrund auf einem Felsen liegt und betet, schlafen seine Jünger im Vordergrund. Ihre entspannte Haltung steht in deutlichem Kontrast zu den flehentlich emporgereckten Händen Jesu. Im Schlaf kuscheln sich die Jünger fest in ihre Mäntel und suchen Geborgenheit, indem sie sich eng aneinanderdrücken. Jesus hingegen streckt sich schutzlos auf dem kahlen Felsen aus. Warum schaut keiner der Jünger hinüber zu ihm? Wie können sie schlafen und ihn in seiner großen Verzweiflung allein lassen? Vielleicht haben sie sich von der Anstrengung des Tages und der Dunkelheit der Nacht schlicht überwältigen lassen. Vielleicht haben sie aber auch einfach eine Möglichkeit gefunden, sich der Zumutung dieser Situation zu entziehen. Sie verschließen die Augen vor dem, was um sie herum geschieht. Und wie oft geht es mir wie ihnen? Wie oft verschließe ich meine Augen vor dem Leid und dem Elend, das sich um mich herum ereignet – manchmal wissentlich, manchmal unwissentlich? Weil ich nicht weiß, was ich dagegen tun kann. Weil ich nicht weiß, wie ich damit umgehen soll. Weil es mich überfordert und erschöpft und ich mit meinen eigenen Problemen bereits genug gefordert bin. Dann ist es leichter, der Dunkelheit nachzugeben, die Augen zu schließen und mich in meine eigene Welt zurückzuziehen. Wer hat Angst vor dem Leid und der Verzweiflung dieser Welt? Ich schon. Und wenn sie mir nahekommen, dann möchte ich gerne davonlaufen. Und wenn ich nur die Augen schließe wie die Jünger, damit ich all das Bedrohliche nicht mehr sehe.

3.

Jesus hat die Augen hingegen weit geöffnet. Er stellt sich seiner Angst und er tut das, indem er auf seinen himmlischen Vater schaut. Das zweite Bild von Sieger Köder heißt „Die Nacht am Ölberg". Es nimmt Jesus in den Blick. Die Jünger sind nur als verschwommene Flecken im Hintergrund angedeutet. Selbst die Bäume sind detaillierter gemalt als sie. Während die Bäume Jesus schützend umgeben, sind seine Jünger keine Unterstützung. Jesus ist ganz allein. Allein wie so viele Menschen in diesen Zeiten. Allein wie die Kranken, die auf den Intensivstationen um ihr Leben kämpfen. Allein wie die Alten, die in ihren Häusern und in den Pflegeheimen leben. Allein wie die Risikopatienten, die sich schützend selbst isolieren. Allein wie die Singles, die ihre Freunde vermissen. Allein wie die Alleinerziehenden, denen es an Unterstützung fehlt. Allein wie die Kinder, die sich nach ihren Freunden sehnen. Die Einsamkeit kann gefährlich werden, wenn sie die Bedrohung verstärkt, den Mut schwächt und die Zuversicht raubt. Wenn es dunkel um uns wird und die Schatten nach uns greifen, dann wächst die Angst. Die Angst vor dem, was wir nicht kennen und uns doch in düsteren Bildern ausmalen. Oder die Angst vor dem, was wir sicher wissen und vor dem wir uns berechtigterweise fürchten. Jesus wusste, dass Folter und Tod vor ihm lagen. Und er hat Angst. Sie hat ihn fest im Griff, wirft ihn zu Boden und schüttelt ihn durch. Normalerweise hat Jesus wie alle Juden stehend gebetet. Nun aber liegt er auf dem Felsen, weil die zitternden Beine ihn nicht mehr tragen. Er, der seine Jünger so oft gefragt hat: „Warum habt ihr Angst? Habt ihr keinen Glauben?" Er spürt die Angst am eigenen Leib und er ringt mit seinem himmlischen Vater um den Weg, der vor ihm liegt. Wer hat in Einsamkeit und Dunkelheit Angst vor Schmerzen, vor Leid, vor dem

Ausgeliefertsein und vor dem Sterben? Selbst Jesus hatte diese Angst und das tröstet mich. Ich muss mich meiner Angst nicht schämen. Ich muss sie nicht verstecken. Ich kann sie Gott klagen, wie Jesus es tat. Inständig betet er: „Vater, lass diesen Kelch an mir vorübergehen!" Flehentlich bittet er darum, vor dem Leid verschont zu werden. Intensiv kämpft er mit seiner Angst und mit dem Weg, der vor ihm liegt. Wäre er seinem eigenen Willen gefolgt, so wäre er dem Leiden davongelaufen. Doch schließlich ringt er sich durch zum schwersten aller Gebete: „Vater, nicht mein Wille geschehe, sondern deiner." In diesem Gebet findet Jesus schließlich sein Ja zu Gottes Weg und die Kraft, sich seiner Angst zu stellen. Dieses Ja macht den Weg nicht leichter, aber es gibt dem Leiden einen Sinn. „Vater, nicht mein Wille geschehe, sondern deiner." Kann ich das auch so beten? Oft kann ich es nicht. Oft kennt mein Gebet nur die Klage und die Bitte, dass Gott die Bedrohung und das Leid von mir abwendet. Manchmal erhört er sie auch. Doch wenn er sie nicht erhört, finde ich dann mein Ja zu seinen Wegen? Das Ringen Jesu im Garten Gethsemane macht mir Mut, so lange im Gebet mit Gott zu ringen, bis er mir Kraft für meinen Weg gibt.

Wer hat Angst vor dem, was das Leben bedroht? Wir alle haben einmal Angst. Doch wenn sie kommt, dann lasst uns nicht davonlaufen. Lasst uns damit lieber zu Gott laufen. Amen.

Lied: 622,1-3 „Von dir, o Vater, nimmt mein Herz"

Fürbittengebet
In Anlehnung an ein Gebet von Dietrich Bonhoeffer beten wir:

Gott,

zu dir rufen wir am Ende dieses Tages. Hilf uns zu beten und um deinen Willen zu bitten, denn wir können es nicht allein. In uns ist es finster, aber bei dir ist das Licht. Wir sind einsam, aber du verlässt uns nicht. Wir sind voller Sorge, aber bei dir ist die Hilfe. Wir sind unruhig, aber bei dir ist der Friede. In uns ist Bitterkeit, aber bei dir ist

Geduld. Wir verstehen deine Wege nicht, aber du weißt den Weg für uns. Begleite uns nun nach Hause, in diese Nacht und durch die kommenden Tage. Gib uns Kraft für das, was uns erwartet. Dir vertrauen wir uns an.

Vaterunser

Lied: 488,1+3+4 „Bleib bei mir, Herr! Der Abend bricht herein“

Segen

Gründonnerstag

Glockengeläut und Musik zum Eingang

Votum
Wir feiern diesen Gottesdienst im Namen des Vaters und des Sohnes und des Heiligen Geistes. Amen.

Begrüßung
Herzlich willkommen zum Gottesdienst am Gründonnerstag! Überall auf der Welt denken Christen heute daran, wie Jesus das letzte Mal zusammen mit seinen Jüngern gegessen hat, bevor er verraten und dann hingerichtet wurde. Die Konfirmandinnen und Konfirmanden erzählen uns heute davon, wie das damals gewesen sein könnte. Und wir werden gefragt, was wir damals getan hätten, wenn wir mit dabei gewesen wären. Hätten wir Jesus gegen die Soldaten verteidigt oder wären wir weggelaufen?

Lied: 213,1-3 „Kommt her, ihr seid geladen"

Wie gut, dass Gott niemals wegläuft, sondern immer bei uns ist – egal, was wir tun. Gemeinsam beten wir mit Worten aus Psalm 139.

Ps 139 – gerne in einer moderneren Variante, wie sie im württ. EG unter Nr. 770 zu finden ist.

(Kein Ehre sei dem Vater)

Gebet
Herr, unser Gott,
wir danken Dir für diesen Tag. Zusammen feiern wir Abendmahl. Wir bitten, dass Du nun bei uns bist und uns ruhig machst. Gib uns Kraft für die nächste Woche. Amen.

Lied: 408,1-4 „Meinem Gott gehört die Welt"

Einleitung
Sind Sie treu? Die meisten von uns werden ganz sicher sein, dass sie niemals einen geliebten Menschen betrügen würden. Einen Freund belügen? Eine Freundin bloßstellen? Den Ehepartner hintergehen? Das passiert jeden Tag, aber wir machen so was doch nicht! Ehrlich? Wie sicher können wir sein, dass wir tatsächlich niemals zu so einer Tat fähig sind? Wenn ganz sicher wäre, dass einer von uns in dieser Kirche morgen einen ihm nahestehenden Menschen im Stich lassen wird – wie leicht könnten Sie von sich behaupten, dass Sie es nicht sind? Wir gehen nun in eine Szene, in der Menschen ganz plötzlich mit dieser Frage konfrontiert wurden.

Schriftlesung: Mk 14,17-26

Und die Jünger dachten darüber nach, dass Jesus zu ihnen gesagt hatte: „Einer von euch wird mich verraten."

Gedanken des Simon Petrus

„Einer von euch wird mich verraten.", hat Jesus gesagt. Der Reihe nach hat er uns angeschaut. Am Ende fiel sein Blick auf mich, Simon Petrus. Lange. Und traurig. Und da habe ich gewusst, dass ich der eine bin. Aber warum? Warum sollte ich ihn verraten? Ich bin doch auf seiner Seite. Ich bin bereit, für ihn zu kämpfen. Ach was, ich bin sogar bereit, für ihn zu sterben! Noch bevor die anderen irgendetwas verstanden haben, war mir schon klar, wer Jesus ist: er ist der versprochene Retter. Er ist der Sohn Gottes. Er ist derjenige, der mir Halt und Kraft im Leben gibt. Wie könnte ich ihn jemals verraten? Wie könnte ich sein Vertrauen so enttäuschen? Gut, ich weiß, dass das in der Vergangenheit schon mal passiert ist. Aber ich habe aus meinen Fehlern gelernt. Das nächste Mal versage ich nicht. Ganz bestimmt nicht! Ich werde bei ihm bleiben, bis in den Tod. Aber als ich das zu Jesus gesagt habe, hat er mich nur angeschaut. Lange. Und traurig. Und seither weiß ich, dass ich der eine bin, der ihn verraten wird.

Musik: „Dreimal", Strophe 1 (von Albert Frey)

Gedanken des Judas Iskariot

Einer von euch wird mich verraten, hat Jesus gesagt. Und ich, Judas Iskariot, ich bin der eine. Ich werde ihn nachher mit einem Kuss verraten, so wie ich es mit den Hohepriestern ausgemacht habe. 30 Silberstücke wollen sie mir dafür geben. Ich hätte gedacht, dass Jesus ihnen mehr wert wäre. Aber das Geld ist nicht der Grund, warum ich es tue. Auch nicht Ärger oder Hass. Ich muss es einfach tun. Als ich gefragt wurde, da konnte ich nicht nein sagen. Ich verstehe selbst nicht, warum. Aber ich habe die Hoffnung, dass Jesus die Chance nutzt um endlich allen zu zeigen, wer er ist. Es könnte die Gelegenheit sein, seine Gegner endgültig zu besiegen. Jesus weiß das. Er weiß ja auch, dass ich es bin. Und er weiß, dass ich es tun muss. Er hat mich angeschaut und gleichzeitig mit mir nach dem Brot gegriffen. Und dann hat er mit mir das Brot geteilt. Er hat mir auch den Wein gereicht. Und seine Segensworte, die galten auch mir. Er hat mich nicht ausgeschlossen und er hat mich vor den anderen nicht bloßgestellt. Vielleicht, weil er weiß, dass auch sie ihn verleugnen und verlassen werden. Sie ahnen es bloß noch nicht. Ich aber weiß, dass ich es tun werde. Bald. Sehr bald. Ich bin der eine, der ihn verrät.

Musik: „Dreimal", Strophe 2 (von Albert Frey)

Dialog zweier Jünger

Jünger 1: Wie geht es dir?

Jünger 2: Ich? Ich weiß nicht. Dir?

Jünger 1: Ich kann es nicht recht fassen. Immerzu denke ich an diesen Satz: Einer von euch wird mich verraten. Ich bin mir sicher, dass Jesus nicht mich meint. Schließlich habe ich noch nie zuvor darüber nachgedacht, mich gegen ihn zu stellen. Aber was, wenn er doch mich meint?

Jünger 2: So geht's mir auch. Ich frage mich, ob man Jesus auch aus Versehen und völlig unabsichtlich verraten kann?

Jünger 1: Was meint er überhaupt mit Verrat? Er wird sterben, hat er gesagt. Aber denkt er wirklich, dass einer von uns daran schuld sein wird? Das traue ich keinem von uns zu.

Jünger 2: Ich hab am meisten Angst davor, dass sie ihn erwischen und uns gleich mit dazu. Dass wir ausgelacht werden, weil wir an ihn glauben, daran habe ich mich gewöhnt. Aber Folter erleiden oder sogar für ihn zu sterben – nein, das schaffe ich nicht.

Jünger 1: Du hast doch vorhin auch gerufen, dass du bereit wärst, mit Jesus in den Tod zu gehen!

Jünger 2: Ja, weil alle das gesagt haben. Aber wenn ich ganz ehrlich bin, weiß ich nicht einmal, ob ich vor Gericht für Jesus aussagen könnte.

Jünger 1: Ich weiß, was du meinst. Wir hatten eine tolle Zeit mit ihm, aber manchmal frage ich mich, ob er wirklich Gottes Sohn ist. Das klingt irgendwie so unrealistisch, so lächerlich. Und sich hinzustellen und genau das laut zu behaupten, fällt mir nicht immer leicht.

Jünger 2: Jetzt haben wir unsere Antwort. So lange uns keiner danach fragt, tun wir uns leicht, Jesus zu folgen. Aber wenn's eng wird, dann könnte ihn jeder von uns verraten. Die Frage ist nur, wer es am Ende tut. Bin es ich? Oder du?

Musik: „Dreimal", Strophe 1 (von Albert Frey)

Glaubensbekenntnis

Predigt: Verrat und Vergebung

Seid ihr schon einmal verraten worden? Ich wünsche es euch nicht, denn es fühlt sich einfach schrecklich an. Nie werde ich vergessen, wie ich meiner damaligen besten Freundin ein Geheimnis erzählt habe. Sie hat geschworen, es niemandem weiterzuerzählen. Natürlich habe ich ihr geglaubt. Sie war ja meine beste Freundin. Aber eine Woche später wusste es ein anderes Mädchen aus unserer Klasse. Und dann noch eines. Und bald wusste es gefühlt die ganze Welt. Natürlich habe ich so getan als würde es mir nichts ausmachen. Aber ich war so fertig, dass ich eine Woche lang völlig kopflos durch die Gegend gelaufen bin. Meine Freundin hat sich entschuldigt. Aber ich habe ihr nie wieder etwas erzählt, das mir wichtig war. Ich konnte ihr nicht mehr vertrauen. Unsere Freundschaft war zerstört und sie hat sich nie wieder davon erholt.

Verrat ist furchtbar, denn er macht alles kaputt: Freundschaften, Ehen und Familien. Dabei ist er oft gar keine Absicht. Ich bin sicher, dass meine Freundin nicht eines Morgens aufgestanden ist und beschlossen hat, mein Geheimnis zu verraten. Es ist wohl eher so passiert. So, wie es leider jeden Tag passiert: Uns wurde ein Geheimnis anvertraut, aber es rutscht uns im Gespräch mit jemand anderem heraus. Über unseren Freund wird gelästert – und wir schweigen. Wir belügen die Freundin oder legen die Wahrheit sehr kreativ aus. Verrat hat viele Gesichter, aber er ist immer zerstörerisch. Sobald die Wahrheit ans Licht kommt, ist das Vertrauen kaputt und die Beziehung schwer beschädigt oder sogar irreparabel zerstört. Das tut weh – nicht nur dem, der verraten wurde. Warum tun Menschen einander das an? Mal haben sie Angst, mal wollen sie sich besser darstellen als sie sind, mal haben sie die besten Absichten und es geht furchtbar schief und mal denken sie schlicht nicht richtig nach, bevor sie etwas tun. Und die lahme Entschuldigung lautet meist: Es ist halt so passiert, ich weiß auch nicht wie, irgendwie war ich nicht ich selbst …

Auch von Judas wird erzählt, dass er nicht er selbst war, als er Jesus verraten hat. Petrus dagegen hat einfach der Mut verlassen, als er zusehen musste, wie man Jesus gefangen genommen hat. „Du gehörst doch auch zu dem Jesus?", wurde er gefragt. Und bei der Aussicht auf Folter und Tod hat er das lieber geleugnet. Kein Wunder. Ich kann Petrus gut verstehen. Meistens ist es ja kein Problem, Christ zu sein. Aber dann gibt es Momente, wenn Leute einen mit diesem fassungslosen, abschätzigen Blick anschauen und herablassend fragen: „Was, du glaubst an Gott?" Gar nicht so einfach, fröhlich und selbstbewusst mit „Ja" zu antworten – und zwar auch dann nicht, wenn man Pfarrerin ist. Ich mag mir nicht ausmalen, wie schwer es ist, sich zu seinem Glauben zu bekennen, wenn man in Nordkorea oder in China, im Irak oder in Ägypten lebt. Wenn das Bekenntnis gleichzeitig ein Todesurteil sein kann. In der 7. Klasse geht es im Religionsunterricht um verfolgte Christen und von Jahr zu Jahr frage ich die Klassen, wie sie sich in so einer Situation verhalten würden. Die Antworten sind meistens gleich: Etwa 1/6 sagt, sie würden in ein sicheres Land flüchten. Die große Mehrheit, 2/3 denkt, es wäre am besten so zu tun, als wäre man kein Christ. Heimlich kann man ja immer noch glauben, was man will. Und 1/6 meint, man könnte sich anpassen. Was man glaubt, sei eh egal. Und das ist nur ein Gedankenspiel. Wer weiß, wie wir uns entscheiden würden, wenn es echt wäre. Wie stark ist dann unser Glaube? Wie wichtig ist uns dann unsere Beziehung zu Gott? „Einer von euch wird mich verraten.", sagt Jesus. Und so, wie die Jünger ihn am Ende alle im Stich gelassen haben, kann keiner von uns garantieren, dass er es anders machen würde. Diese Einsicht ist ziemlich deprimierend.

Gibt's denn keine Hoffnung? Doch, die gibt es. Denn wir feiern den Gründonnerstag nicht, weil wir uns erinnern wollen, wie Jesus verraten wurde. Wir erinnern uns heute an das Abendmahl. Und das ist ein starkes Zeichen gegen Verrat. Es ist ein Zeichen für Vergebung und Gemeinschaft. Obwohl Jesus wusste, was passieren würde, hat er das Brot mit seinen Jüngern geteilt – mit allen Jüngern, sogar mit Judas. Gemeinsam sitzen sie um den festlich gedeckten Tisch. Sie feiern das Passafest und das kann man nicht alleine feiern. Wie bei jedem richtigen Fest sitzen die Jünger zusammen. Sie reden und lachen, genießen das Essen und vergessen für einen Moment alle Sorgen. Sie erzählen von dem, was sie miteinander mit Jesus erlebt haben: „Weißt du noch, damals, als Jesus diesen Mann geheilt hat? Weißt du noch, wie er es den Pharisäern gezeigt hat? Die waren vielleicht sauer, dass er sie so dumm hat dastehen lassen. Weißt du noch, wie er uns als Jünger gerufen hat? Einfach vorbeigegangen ist er und hat gesagt: ‚Komm mit.' Und wir sind hinterhergelaufen. Mensch, wenn wir da schon geahnt hätten, wer er ist und was er alles kann!" Die Stimmung ist prächtig. Einer reicht dem anderen das Essen, einer gibt den Kelch mit Wein an den anderen weiter. Es tut gut – bei den Jüngern damals wie bei uns heute – wenn man sich an gemeinsame Erlebnisse erinnert und wenn man sich von dem erzählt, was Jesus getan hat. Es verbindet und stärkt die Gemeinschaft untereinander. Denn alle haben etwas einzubringen. Alle dürfen mitreden. Alle dürfen mitessen. Niemand wird an diesem Tisch ausgeschlossen: nicht die Jünger, die später weglaufen; nicht Petrus, der Jesus verleugnet und nicht Judas, der ihn verrät. Niemand wird beim Abendmahl ausgeschlossen: nicht diejenigen, die ihren Glauben sehr ernst nehmen und doch immer wieder scheitern; nicht diejenigen, die gar nicht sicher sind, ob sie überhaupt richtig an Jesus glauben; nicht einmal diejenigen, die ihren Glauben verraten. Wir alle haben unseren Platz am Abendmahlstisch. Wir alle teilen Brot und Wein und spüren, wie Gott uns darin nahekommt.

Das Abendmahl erinnert uns daran, dass Gott treu ist. Er hat versprochen, für immer auf unserer Seite zu stehen. Und egal, was wir tun: nichts kann ihn davon abhalten, diesem Versprechen treu zu bleiben. Seine Antwort auf Verrat ist Vergebung. Judas konnte sich selbst nicht vergeben, daran ist er zerbrochen. Petrus hatte ebenfalls schwer zu kämpfen damit, dass er Jesus verleugnet hat. Doch er darf nach Ostern vom auferstandenen Jesus hören, dass ihm vergeben ist und dass er neu anfangen kann. Egal, wem wir untreu geworden sind – ob nun Gott, anderen Menschen oder auch uns selbst: Später haben wir die Gelegenheit, Gott alles anzuvertrauen. Wir werden hören, dass er uns vergibt. Hoffentlich können wir das für uns annehmen und uns selbst vergeben. Hoffentlich gibt uns das für später den Mut, uns auch bei den Menschen zu entschuldigen, die wir verraten oder verletzt haben. Und hoffentlich gibt es uns die Kraft, denen zu vergeben, die uns verraten und verletzt haben. Verrat hat die Macht, Beziehungen zu zerstören. Aber Vergebung hat die Kraft, wieder neu anzufangen und Gemeinschaft wieder möglich zu machen. Immer und immer wieder.

Wir sind Menschen. Keiner von uns kann absolut sicher sein, niemals zu Verrat fähig zu sein. Gott aber ist treu. Und er gibt uns nicht auf. Er deckt uns den Tisch und wartet auf uns, so lange, bis wir uns einladen lassen zusammen mit all den anderen. Wir alle brauchen Vergebung und hier bekommen wir sie. Amen.

Lied: 225,1-3 „Komm, sag es allen weiter"

Abendmahl

Wir feiern nun miteinander Abendmahl. Als die Jünger damals mit Jesus feierten und sich erinnerten, haben sie vielleicht auf noch einmal die Worte wiederholt, die Jesus ihnen beigebracht hatte, wie sie beten sollten. Mit diesen Worten knüpfen wir an die Erinnerungen der Jünger an und beten gemeinsam:

Vaterunser

Einsetzungsworte

Einladung zum Abendmahl

Wie feiern Sie Abendmahl? Wandelnd oder in Runden, Einzelkelch oder Gemeinschaftskelch? Wein oder Saft?

Nun kommt, denn es ist alles bereit. Schmecket und sehet, wie freundlich der Herr ist!

Austeilung

Dankgebet

Fürbitten

Lieber Gott, danke für das Brot und den Wein,
die du uns beim Abendmahl gibst.
Schöpfer im Himmel, danke,
dass du uns jeden Tag Essen und Trinken gibst.
Höre uns, wenn wir Dich nun bitten:
Bitte lass es allen Menschen gut gehen.
Bitte lass alle Essen und Trinken haben.
Bitte lass alle eine Wohnung haben.

Abkündigungen

Segensbitte

Segen

Musik zum Ausgang

Passionsandacht 1

Glockengeläut und Musik zum Eingang

Votum
Im Namen des Vaters und des Sohnes und des Heiligen Geistes. Amen.

Begrüßung
Herzlich willkommen zur Andacht in der Passionszeit! Wer ist eigentlich dieser Jesus? Ist er Gott oder Mensch? Wir schauen auf sein Leiden und entdecken darin beides zugleich.

Lied: EG 85,1-3 „O Haupt voll Blut und Wunden“

Hymnus aus dem Philipperbrief (764)
(Ohne Ehr sei dem Vater!)

Gebet
Ewiger Gott, König dieser Welt,
du bist ein Mensch geworden, verletzlich und sterblich. Du kommst uns nahe, damit wir dich und deine Liebe zu uns erkennen. Du kommst uns nahe, damit wir uns selbst erkennen. Öffne unsere Augen, wenn wir nun auf das Leiden und Sterben Jesu schauen. Lass uns erkennen, wer wir sind und wie viel wir Dir bedeuten. Amen.

Instrumental

Schriftlesung

Wer ist Jesus? Diese Frage soll Pilatus beantworten, aber es fällt ihm ziemlich schwer: Joh 18,33-38.19,1-5

Instrumental

Ansprache zu Joh 19,5

Es ist ein furchtbarer Anblick. Blutig geschlagen und zum Gespött gemacht, wird Jesus den unbarmherzigen Augen des Publikums präsentiert. Nach der Folter kann er sich kaum auf den Beinen halten. Der purpurfarbene Mantel verdeckt gerade so die blutigen Striemen vom Auspeitschen. Die Dornenkrone drückt sich spitz in den Kopf und verhöhnt den merkwürdigen König, der behauptet, nicht von dieser Welt zu sein. „Seht," sagt Pilatus. „Seht, der Mensch!"

Also schaue ich. Kurz. Dann ist meine morbide Neugier befriedigt. Ich spüre die Qual fast körperlich und möchte am liebsten sofort wieder wegschauen. Es gibt einen guten Grund, warum ich damals Mel Gibsons Kinofilm „Die Passion Christi" nicht angeschaut habe: zu viel Blut; zu viel Gewalt. Unerträglich.

Aber Pilatus lässt uns heute keine Möglichkeit, diesem schmerzhaften Anblick auszuweichen. Er macht uns zu einem Teil des Publikums und zwingt unseren Blick auf die erbarmungswürdige Gestalt. Er lässt nicht zu, dass wir uns dabei hinter der Distanz des neugierigen Beobachters verstecken. Denn es ist ja nicht irgendein Leid. Jesu Leid ist unser Leid: „Seht!", sagt Pilatus. „Seht, der Mensch." Der Mensch, der für alle Menschen steht – auch für mich, auch für Sie.

Also wagen wir den Blick und schauen in diesen Spiegel, der uns in diesem Menschen vorgehalten wird. Was sehen wir? Wir sehen zunächst einen verkleideten Menschen. Wenn wir genauer hinschauen, erkennen wir darunter einen verletzten Menschen. Und wenn wir dann den Blick nicht abwenden, sondern noch tiefer blicken, erscheint darunter das wahre Wesen: ein königlicher Mensch.

Instrumental

Der erste Blick zeigt uns Jesus in einem teuren Königsmantel. Die purpurrote Farbe signalisiert schon auf weite Entfernung, dass der Träger eine besondere und wichtige Persönlichkeit ist, der gewisse Privilegien zustehen. Das soll ein Spiegel meiner eigenen Person sein? Ich habe noch nie einen Königsmantel getragen, nein. Aber wenn ich genauer darüber nachdenke, dann trage ich durchaus Mäntel. Sie sind wunderschön, so perfekt wie möglich und sie sollen demonstrieren, dass ich mein Leben im Griff habe. Ein glitzernder Mantel heißt finanzielle Sicherheit. Dank fleißiger Arbeit habe ich genug zum Leben, bin niemandem etwas schuldig und kann mir ein wenig Luxus wie eine schöne Urlaubsreise gönnen. Das bringt mir Anerkennung ein und vielleicht sogar ein paar neidische Blicke. Doch natürlich brüste ich mich nicht damit, denn ich trage ja auch den strahlenden Mantel der Frömmigkeit. Ich halte mich an Gottes Gebote und bemühe mich, ein gutes Leben zu führen. Darum habe ich aber auch gewisse Ansprüche: Ein bisschen Dankbarkeit für all meine Arbeit erwarte ich schon von anderen. Dass Gott mir meine Mühen lohnt, hoffe ich auch. Und von mir selbst erwarte ich, dass ich niemanden zur Last falle. Und meistens halten meine schönen Mäntel, was sie versprechen. Doch der Schein trügt. Ich habe mein Leben nicht im Griff. Ich kann es gar nicht im Griff haben, denn ich bin nicht Herrin über mein Leben. Wie wenig braucht es, um das zu demonstrieren: ein Unfall, eine schwere Krankheit, eine Veränderung der gesellschaftlichen Situation. Schon ist die finanzielle Sicherheit dahin, die eigene Kraft reicht nicht mehr aus, mich selbst zu versorgen und der Zweifel erschüttert meinen Glauben. Der schöne Schein, der anderen – und mir selbst – ein erfolgreiches, sicheres und gutes Leben vorspielt, zerbricht. Wenn der Sturm des Lebens den falschen Königsmantel zur Seite bläst, sieht man, dass er nichts als eine lächerliche Verkleidung war. Und die Reaktionen der anderen lassen nicht lange auf sich warten: Höhnischer Spott kommt von den einen, unverhohlenes Mitleid von den anderen. Wenn der Mantel fällt – was kommt darunter zum Vorschein?

„Seht, der Mensch!“, sagt Pilatus. Und wir sehen genauer hin. Unter der majestätischen Verkleidung sehen wir einen verletzten und verletzlichen Menschen. Wie bei den vielen Opfern von Folter und Krieg hat die Gewalt deutliche Spuren an Jesu Körper hinterlassen. Doch nicht nur der körperliche Schmerz, auch seelische Qual setzt ihm zu und bereitet ihn darauf vor, dass sein Leben bald zu Ende sein wird. Die Passion Jesu beginnt mit der Gewissheit, dass er sterben wird. Verstärkt wird sie durch die Angst vor dem unausweichlichen Leid, das ihn zuvor erwartet und durch die bittere Erfahrung, dass selbst die engsten Vertrauten ihn alleine zurücklassen und schließlich sogar Gott in weiter Ferne ist. In seinem Leid finden sich bis heute Menschen wieder. Der Tod wirft seine Schatten auch heute noch voraus. Der Gedanke an die Endlichkeit des eigenen Lebens kann Menschen verzweifeln lassen. Und selbst wer sich damit abgefunden hat, einmal sterben zu müssen, hofft inständig, dass dem Ende keine lange Krankheits- und Leidenszeit vorausgeht. Wir kennen die ehemals lebendigen und lebenslustigen Menschen, die inzwischen nur noch als Schatten ihrer selbst in Pflegebetten liegen. Wir wissen um die Krankheiten, die Menschen so quälen, dass sie sich einen baldigen Tod wünschen. Wir wissen um die Gewissenskonflikte, ob man das Leben vorzeitig beenden soll und darf. Und wir wissen auch, wie schnell Freunde und Familie Abstand nehmen, um das Leid nicht aus der Nähe miterleben zu müssen. Und so hoffen wir, dass uns ein solches Schicksal erspart wird. Wir wünschen uns, dass wir am Ende nicht alleine sterben müssen. Und wir beten, dass Gott uns die Gewissheit schenkt, dass er ganz nahe bei uns ist und uns auffängt und nach Hause trägt. Doch nicht erst am Ende unseres Lebens sind wir verletzlich. Und nicht immer sind es Krankheit, Gewalt oder Unfälle, die uns Schaden zufügen. Es reicht ein böses Wort, ein abfälliger Blick, eine ablehnende Geste und der Schmerz trifft uns tief. Manchmal braucht es lange, bis die Wunden verheilen, manchmal heilen sie überhaupt nicht. „Seht, der Mensch!“, sagt Pilatus. Unter all seinen glanzvollen Deckmäntelchen versteckt er Schmerz und Leid, Angst und Tod. Ist das die letztgültige Wahrheit über den Menschen? Dann können wir jetzt unseren Blick resigniert abwenden. Doch lasst uns noch einen letzten Blick wagen – einen, der noch tiefer schaut. Was sehen wir dann?

Instrumental

Wir sehen einen Menschen, der erstaunlicherweise seine Würde bewahrt hat. Obwohl ihn Schmerz und Spott taumeln lassen, weiß er genau, wer er ist und welcher Auftrag ihn an diesen Punkt geführt hat. „Mein Reich ist nicht von dieser Welt!" hat er Pilatus zuvor erklärt. Der hat ihn nicht verstanden; hat ihn nicht verstehen wollen. „Also bist du doch ein König?", hat er gefragt, um ihn dann öffentlich als falschen König bloßzustellen. „Seht, der Mensch!", höhnt er und erkennt die Wahrheit nicht. Dieser Mensch ist so viel mehr als nur ein Mensch. Er ist der König der Welt. Und doch wird er ein ganz normaler Mensch. Er ist sogar bereit, sich für seine Botschaft foltern und töten zu lassen. Denn nichts ist ihm wichtiger, als dass die Menschen verstehen: Sie sind von Gott gewollt und haben damit eine Würde, die durch nichts zerstört werden kann. Sie sind von Gott geliebt, obwohl er ihre falschen Königsmäntel durchschaut. Sie sind in ihrem Schmerz nicht allein, denn Gott leidet mit ihnen. Doch mehr als das: Er wird das Leid beenden. Bei manchen schon heute oder morgen, bei allen schließlich in seinem Reich. „Seht, der Mensch!" – unter unserer falschen Verkleidung und unserer schmerzlichen Verletzlichkeit leuchtet das wahre Wesen hervor: ein königlicher Mensch, der weiß, dass er zu Gott gehört. Amen.

Stille
Siehe, der Mensch! Wer ist Jesus? Wer bin ich? Wir nehmen uns nun eine lange Zeit der Stille, um diese Fragen für uns zu betrachten.

Lied: 85,5-7 „O Haupt voll Blut und Wunden"

Fürbittengebet

Herr Jesus Christus,

du bist Mensch geworden und hast Schmerz und Leid mit uns geteilt. In Dir sehen wir uns selbst mit unserer Angst und unserer Not. In Dir sehen wir aber auch die Liebe Gottes und die Verheißung eines Lebens, wie er es sich für uns gedacht hat. Dich bitten wir für uns selbst und für andere:

für alle, die in Angst leben: erfülle sie mit Mut und Zuversicht

für alle, die körperliche und seelische Schmerzen leiden: stärke sie in ihrem Leiden und berühre sie heilend

für alle, die einsam sind: sende ihnen Menschen, die ihnen zur Seite stehen

für alle, die trauern: tröste sie und gib ihnen Hoffnung

für alle, die keinen Ausweg mehr sehen: zeige ihnen neue Perspektiven

Herr Jesus Christus, du siehst barmherzig und voller Mitleid auf uns. Beende das Leid und verwandle es in Freude. Amen.

Vaterunser

Lied: 97,1-3 „Holz auf Jesu Schulter“

Segen

Passionsandacht 2

zu Ernst Barlach „Der Müde (Tröstung)"

In manchen Gesangbüchern ist das Bild beim Lied mit der Nummer 516 abgebildet. Das kann gut zur gemeinsamen Bildbetrachtung genutzt werden.

Glockengeläut und Musik zum Eingang

Lied: 88,1+2+6 „Jesu, deine Passion"

Begrüßung

Herzlich willkommen zur Andacht! In der Passionszeit denken wir daran, welchen Weg Jesus bis ans Kreuz gegangen ist: ein Weg voller Angst und Zweifel, ein Weg voller Schmerzen und Leid, ein Weg, an dessen Ende der Tod steht. Wir glauben, dass Jesus diesen Weg für uns gegangen ist. Und wir vertrauen darauf, dass er uns begleitet und hilft, wenn wir auf unserem Lebensweg ähnlichem Schrecken begegnen.

Votum

Er ist bei uns. er ist auch jetzt bei uns. Wir feiern diese Passionsandacht im Namen des Vaters und des Sohnes und des Heiligen Geistes. Amen.

Psalm 6

(Ohne Ehre sei dem Vater)

Gebet

Herr Jesus Christus,

ein Leben, in dem alles gut und glatt läuft, gibt es nicht. Immer wieder werden wir erschreckt durch Unglück, Leid und Tod. Immer wieder überfällt uns die Trauer. Immer wieder spüren wir, wie uns die Kraft fehlt, unseren Weg weiterzugehen. Du hast dieses Leben mit uns geteilt. Du weißt, wie mühsam und schwer der Weg sein kann. Wann immer wir nicht mehr weitergehen können, sei du uns Hilfe und Trost. Amen.

Schriftlesung

Es gibt Situationen, die über unsere Kräfte gehen und Zeiten, in denen wir dringend Trost brauchen. Wir hören, wie Jesus sich vor seiner Gefangennahme an seinen himmlischen Vater wendet: Lk 22,39-46

Lied: NL 4,1-4 „Aus der Tiefe rufe ich zu dir"

Ansprache zu Ernst Barlach: Der Müde (Tröstung)

„Der Müde", so lautet der Titel des Bildes. Und müde sieht er aus, der Wanderer auf dem Bild. Kraftlos hat er sich irgendwo niedergelassen. Er lehnt sich haltsuchend an. Die Beine scheinen ihn nicht mehr zu tragen. Der Wanderstab gibt nur den Armen noch letzten Halt. Man sieht: dieser Mensch hat keine Kraft mehr, aufrecht zu stehen, geschweige denn seinen Weg weiterzugehen. Vor lauter Erschöpfung kann er nicht einmal mehr die Augen offenhalten. Der Blick geht irgendwo ins Leere.

Obwohl das Bild nur in groben schwarzen Strichen gezeichnet ist, auf das Papier hingeworfen wie eine flüchtige Skizze, berührt es doch durch seine große Ausdruckskraft. Nicht kunstvoll ausgearbeitete Details, nein allein das Gesicht des Mannes und seine Haltung sprechen für sich. Für diesen Stil ist Ernst Barlach bekannt. In den Gesichtern und der Körperhaltung seiner Figuren drückt er aus, was für den Betrachter normalerweise unsichtbar bleibt: das, was in einem Menschen vor sich geht. Und hier ist es eine abgrundtiefe Erschöpfung. Ein Gefühl, das Barlach sicherlich sehr vertraut war, als er sein Bild 1916 gezeichnet hat. Als Landsturmmann war er mittendrin im Kampfgetümmel des Ersten Weltkriegs. Voller Überzeugung und motiviert war er in die Schlacht gezogen. Doch das Leid und die Sinnlosigkeit der Opfer veränderten seinen Blick. In seinen Bildern begegnen uns keine starken Helden. Vielmehr sehen wir die Hoffnungslosigkeit und die Erschöpfung, die Barlach erlebt hat, die noch heute viele Betrachter anspricht, weil sie sich darin wiedererkennen.

Es muss ja kein Krieg sein, der Menschen ans Ende ihrer Kräfte bringt. Für manche ist es der Kampf am Arbeitsplatz. Die Anforderungen steigen ständig, gleichzeitig fehlt es aber überall an Personal und obwohl manche bereits mehr arbeiten, als ihnen guttut, reicht die Leistung immer noch nicht. Das nimmt die Freude am Beruf und raubt nach und nach die Kraft. Es macht müde. Für andere ist es die Familie, die sie an ihre Grenzen bringt: Andauernde Auseinandersetzungen und ungelöste Konflikte, die immer wieder neu aufflammen; Erwartungen, ausgesprochen oder unausgesprochen, die unter Druck setzen; Sorgen um liebe Menschen und die Frage, wie man am besten für sie da sein kann oder die Trauer um Verstorbene, die alles andere sinnlos erscheinen lässt. Gedanken drehen sich im Kreis, man kommt nicht mehr zur Ruhe und ein Ende der zermürbenden Situation ist nicht in Sicht. Das macht müde. Wieder andere kämpfen gegen sich selbst, weil Körper und Geist nicht mehr so mitmachen, wie sie es bisher getan haben. Krankheit und Schmerzen behindern den gewohnten Alltag und zwingen zu zeitraubenden Arztbesuchen. Ängste erwachen – werde ich wieder gesund? Sorgen beherrschen das Denken – wie kann die Zukunft für mich aussehen? Sie rauben den Schlaf und die Freude am Leben. Das macht müde.

Es ist eine hartnäckige und gefährliche Müdigkeit, die uns in diesen Situationen überfällt. Weder kurze Ruhepausen noch viele Stunden Schlaf können sie vertreiben. Manchmal sieht man sie uns nicht an, weil wir sehr geschickt darin sind, nach außen hin alles gut erscheinen zu lassen. Doch innerlich fühlen wir uns wie der Mann: wir können keinen Schritt mehr gehen und wollen uns kraftlos einfach irgendwo anlehnen. Der Blick wird leer, weil wir kein Ziel mehr vor Augen und das Gefühl haben, es wird sich sowieso nichts ändern. Manchmal ist die Resignation so groß, dass wir nicht einmal mehr die Menschen neben uns mehr wahrnehmen können. Ob sie sich freuen oder leiden, berührt uns nicht mehr. Uns fehlt die Kraft, über unsere eigene Situation hinaus auch noch für andere da zu sein.

Dann brauchen wir Hilfe. Und zwar deutlich mehr als einen kraftvollen Energieriegel oder ein paar Stunden erholsamen Schlafs. Wir brauchen Trost. Auf Ernst Barlachs Bild ist eine zweite Figur zu sehen: ein Engel. Zärtlich wie eine fürsorgliche Krankenschwester fliegt er von links herein ins Bild. Liebevoll hält er den matten Kopf. Schwebend, fast durchsichtig kommt die Gestalt ins Bild. Sie bringt Licht in das Dunkel und vertreibt die Schatten auf dem Gesicht. Sie bringt Bewegung in das Erstarrte. Sie berührt zärtlich die Wange, als wollte sie den leeren Blick auf sich hinlenken. Forschend schaut sie dem Müden in die Augen, als wolle sie fragen: Was fehlt dir? Und als hätte sie etwas, das den Müden wieder kraftvoll und lebendig macht. Als hätte sie Trost für ihn. Barlach gibt dem Bild daher noch einen zweiten Titel: Tröstung.

Es ist nicht seine Erfindung, dass Gott uns in Momenten größter Kraftlosigkeit und Hoffnungslosigkeit einen Boten schickt, der uns Trost gibt. Wir haben vorhin gehört, wie Jesus im Garten Gethsemane einem solchen himmlischen Boten begegnet. Als er sich zum Gebet zurückzieht, ist auch er am Ende seiner Kraft. Er kennt den Weg, der vor ihm liegt: Verhaftung, Verspottung, Verurteilung, Folter und schließlich der Tod am Kreuz. Und er spürt, dass er es alleine nicht schafft, diesen furchtbaren Weg zu gehen. Todesangst trübt seinen Blick, sodass er nichts als das grausame Ende vor Augen hat, das ihn erwartet. Sie zwingt ihn in die Knie und ist so übermächtig, dass er sie nicht mehr nach außen verbergen kann. „Vater, willst du, so nimm diesen Kelch von mir!“, betet er. Ein verzagter Schrei nach Hilfe. Ein verzweifeltes Flehen um Rettung. Und doch betet Jesus auch: nicht mein, sondern dein Wille geschehe! Und in diesem Moment, als er seinen schweren Weg für sich annimmt, heißt es: Es erschien ihm aber ein Engel vom Himmel und stärkte ihn. Tröstung. In die lähmende Angst hinein schickt Gott ein tröstendes Zeichen: ich bin bei dir. In die umfassende Hilflosigkeit, die zu Boden zwingt, sendet er Kraft und Stärkung. Die wackligen Knie tragen wieder. Die Augen sehen wieder ein Ziel. Jesus steht auf und geht zu seinen Jüngern. Und dann empfiehlt er ihnen, in der kommenden schweren Zeit zu beten. Er hat es ja gerade erst erlebt, dass Gott dieses Gebet nicht unerhört lässt. Er tröstet und stärkt die, die am Boden sind. Er richtet sie auf und dann begleitet er sie auf ihrem schweren Weg.

Weder bei Jesus noch in dem Bild von Ernst Barlach macht der Engel den schweren Weg leicht. Er beseitigt nicht die Gefahren. Er trägt auch nicht einfach auf seinen Flügeln über alle Hindernisse hinweg. Stattdessen schenkt er mit einer leichten Berührung Kraft und Trost. Auch wir erleben selten, dass Gott uns in großen Schwierigkeiten ein Wunder schenkt, das auf einen Schlag alles wieder gut macht. Wir hoffen es oft. Wir bitten Gott darum, wie Jesus es getan hat: „Vater, nimm diesen Kelch von mir!“ Doch die Antwort lautet meistens, dass wir unseren Weg weitergehen müssen. Aber sie lautet auch: du bist nicht allein. Und du musst nicht aus eigener Kraft gehen. Wenn wir beten, richten wir unseren Blick auf Gott. Die Augen gehen nicht länger verzweifelt ins Leere, sondern finden ihren Halt bei dem, der uns voller Liebe und Trost anschaut. Er hilft uns, vertrauensvoll zu beten: nicht mein, sondern dein Wille geschehe! Er hilft uns, unseren Weg anzunehmen. Und dann berührt er uns und wir spüren: er ist für uns da. Und er gibt uns Kraft, unseren Weg zu gehen. Die wackligen Knie tragen wieder. Die Augen sehen wieder ein Ziel. Wir können aufstehen und weitergehen, weil Gott mit uns geht. Amen.

Lied: 363,1+2+6+7 „Kommt her zu mir, spricht Gottes Sohn“

Fürbittengebet

Jesus Christus,

oft wird unser Schritt schwer, unser Gang gebeugt und unsere Hände sind kraftlos. Wir bleiben zurück und können nicht mehr weiter. Aber du lässt uns nicht zurück. Du wendest dich zu uns und rührst uns an. Wir danken dir dafür. Und wir bitten dich:

Sei all denen nahe, die müde werden, denen der Glaube versiegt und denen die Hände erlahmen: lass sie deine freundliche Stimme hören.

Steh denen bei, die sich aufgegeben haben, die verzweifelt sind und hoffnungslos. Gib ihnen inneren Halt, richte sie auf, damit sie ihren Weg zuversichtlich weitergehen können.

Gib den Gleichgültigen wieder Fragen, lass sie nicht in Ruhe, lass sie suchen und dann auch finden.

Ruf uns und berühre uns mit deiner heilsamen Kraft, damit wir wach und gestärkt werden und dir nachfolgen auf dem Weg zum Leben.

Amen.

Vaterunser

Lied: 673,1-4 „Der Abend kommt“

Segen

Musik zum Ausgang

Passionsandacht 3

Glockengeläut und Musik zum Eingang

Lied: 488,1-3 „Bleib bei mir, Herr! Der Abend bricht herein"

Votum

Im Namen des Vaters und des Sohnes und des Heiligen Geistes. Amen.

Begrüßung

Herzlich willkommen zur Andacht in der Passionszeit. Es ist Abend geworden, das Licht des Tages vergeht allmählich und bald wird es ganz dunkel sein. Manche haben vielleicht zweimal darüber nachgedacht, ob sie nun noch einmal aus dem Haus gehen. Die Dunkelheit macht uns Mühe, flößt uns Unbehagen ein und sogar Angst. Kein Wunder, dass sie zum Sinnbild für schwere – dunkle – Zeiten geworden ist. Heute Abend soll es um eine der dunkelsten Stunden gehen: die Stunde des Todes Jesu. Und wenn wir dorthin schauen, werden wir vielleicht auch etwas von unserer eigenen Dunkelheit darin entdecken. Aber hoffentlich entdecken wir dann auch einen Schimmer von Gottes Licht, das durch die Dunkelheit hindurchscheint.

Gebet

Ewiger Gott,

es ist dunkel geworden und dunkel ist es auch in so manchem Winkel unserer Herzen. Sorge und Angst, Trauer und Hoffnungslosigkeit legen sich wie schwere Schatten auf uns. Du kennst diese Dunkelheit, denn Du bist in Deinem Sohn Jesus Christus am Kreuz selbst hindurchgegangen. Sei uns nun nahe und mache uns gewiss, dass Du mit uns durch unsere Dunkelheit hindurchgehst und uns in Dein Licht führst. Amen.

Schriftlesung

David kannte wahrlich dunkle Zeiten, als König Saul ihn töten wollte und er sich deshalb verstecken musste. Aber er hat auch erlebt, dass Gott ihn gerettet hat. Er dankt Gott mit den Worten: 2. Sam 22

Lied: 85,1-3 „O Haupt voll Blut und Wunden“

Ansprache zu Lk 23,44-45

Schmerzvoll ist es, Jesu Tod zu betrachten. Was Paul Gerhard da in so schöne Worte gefasst hat, ist ja nichts anderes als die Beschreibung einer grausamen Folter. Eine geschundene Gestalt hängt da am Kreuz und leidet qualvoll. Nicht nur, dass er nach geltendem Recht zum Tod verurteilt und hingerichtet wird. Weil er im Auftrag Gottes aufgetreten ist, wird er nun auch noch als machtloser König verspottet. Für uns, die wir glauben, dass Jesus wirklich Gottes Sohn war, ist dieses Leiden unbegreiflich und fast nicht auszuhalten. Weil es so absurd ist: Jesus, der die Liebe und Barmherzigkeit in Person ist, liefert sich der Lieblosigkeit und Herzlosigkeit der Menschen aus. Jesus, der als Sohn Gottes die Macht über diese Welt hat, bleibt ohnmächtig und wehrlos. Und die meisten Menschen, die diesem Spektakel zuschauen, merken noch nicht einmal, welche Ungeheuerlichkeit sich hier zuträgt. Eine solche Ungeheuerlichkeit, dass sogar die Natur darauf reagiert. Lukas berichtet in seinem Evangelium: Lk 23,44.

Was den Zuschauenden verborgen bleibt, das zeigt ihnen der Himmel selbst: obwohl es Mittag ist und die Sonne gerade am hellsten scheinen sollte, schwindet ihr Schein. Als würde die Sonne das Leiden nicht mehr mitanschauen können, als wollte sie sich verbergen vor denen, die nicht wissen, was sie da gerade tun. Sie schaffen den aus der Welt, der von sich selbst sagt: Ich bin das Licht dieser Welt. Kein Wunder, dass es da dunkel wird, während sein Lebenslicht langsam erlischt. Jesus stirbt und es scheint als hätten die Mächte des Todes gesiegt, als wäre die Dunkelheit in dieser Welt undurchdringbar.

Lesung: Lk 23,44

Es ist nicht für alle sichtbar, und doch passiert es auch in unseren Leben: das Licht schwindet, die Mächte der Dunkelheit und des Todes greifen nach uns und um uns wird es dunkel. Manchmal passiert das so unvermittelt wie diese Sonnenfinsternis mitten am Tag. Ohne Vorahnung trifft uns – oder einen geliebten Menschen – die Diagnose der Ärztin. Und noch während wir sie hören und darum ringen, sie zu verstehen, merken wir, wie wir in ein dunkles Loch fallen. Wir kommen nicht mehr heraus, während wir unseren Weg durch die Behandlungsräume und Krankenhäuser suchen, während die Resignation größer wird, wenn ein Tag nach dem anderen ohne Besserung verstreicht. Auch wenn am Himmel die Sonne scheint: in unseren Herzen ist es dunkel.

Oder ein anderes Beispiel: das Telefon klingelt, wir denken uns nichts, als wir uns melden und dann hören wir die Stimme am anderen Ende, die uns vom Tod eines lieben Menschen berichtet. Und während das Radio noch im Hintergrund fröhliche Melodien spielt, ist es, als würden düstere Wolken alle Fröhlichkeit schlagartig vertreiben. Trauer um das, was wir verloren haben, Wut über die Ungerechtigkeit des Todes, Hilflosigkeit und Angst angesichts der Endlichkeit des Lebens hüllen uns ein und es wird dunkel um uns.

Wenn uns Schicksalsschläge treffen oder Krankheit sich in unserem Leben breit macht, wenn der Tod uns ins Gesicht blickt oder auch wenn wir darunter leiden, wie ungerecht und grausam es in dieser Welt zugeht, dann spüren wir die Dunkelheit um uns. Dann scheint es, als hätten die Mächte des Todes gesiegt, als wäre die Dunkelheit in dieser Welt undurchdringbar.

Lesung: Lk 23,44

Und Gott lässt es zu. Das ist in solchen Momenten am schwersten auszuhalten. Warum hilft er nicht, wenn Menschen leiden? Warum tut er nichts gegen die Ungerechtigkeit, die uns trifft? Wo ist er, wenn die Dunkelheit uns so einhüllt, dass wir das Licht der Sonne nicht mehr sehen können? Wenn wir so gefangen sind in unserem Leid, dass wir Gottes Gegenwart nicht einmal mehr erahnen können? Wie wird es wieder hell?

Lesung: Lk 23,45.46

Dort am Kreuz trägt der Gekreuzigte alles Leid und alle Ungerechtigkeit dieser Welt. Um die Dunkelheit dieser Welt zu erhellen, um am Ende die Macht des Todes zu brechen, geht er selbst durch Dunkelheit und Tod hindurch. Der Vorhang im Tempel zum Allerheiligsten zerreißt. Ein Zeichen, noch eindrücklicher als die Sonnenfinsternis: ausgerechnet in der dunkelsten Stunde schafft Gott uns den Zugang zu sich. Nichts darf sich uns mehr in den Weg stellen, wenn wir nun zu Gott kommen wollen. Keine Schuld, die wir auf uns geladen haben. Keine Angst, die uns einredet, wir wären es nicht wert, dass Gott uns hilft. Keine Zweifel, die uns zu flüstern, unser Leid wäre ein Zeichen dafür, dass Gott es keinesfalls gut mit uns meinen kann. Gott selbst hat uns deutlich gemacht: gerade dann, wenn die Dunkelheit euch undurchdringlich umgibt, dürft ihr zu mir kommen. Ich bin nur ein Gebet weit von euch entfernt.

Jesus tut genau das: seine letzten Worte sind ein Gebet voller Vertrauen, dass Gott ihn hört und für ihn da ist. Vater, in deine Hände befehle ich meinen Geist. Und vermutlich hat er diesen Vers aus Ps 31 auch noch zu Ende gebetet: „... du hast mich erlöst, Herr, du treuer Gott." Die Worte des Sterbenden durchdringen die Dunkelheit. In ihnen ist nichts von Verzweiflung zu spüren, keine Anklage und keine Verbitterung. Stattdessen: unendliches Vertrauen. Gott wird sich meiner annehmen. Er wird mich durch das Leid hindurchführen und dann wird er mich erlösen. Nirgendwo ist mein Geist, nirgendwo bin ich besser aufgehoben als bei ihm.

Was passiert nach diesen Worten? Jesus stirbt. Und es scheint als hätten die Mächte des Todes gesiegt, als wäre die Dunkelheit in dieser Welt undurchdringbar, als wäre Gott das Vertrauen in ihn nicht wert. Doch als die Sonne am dritten Tag aufgeht, da zeigt sich, dass das ein Trugschluss ist. Das Grab ist leer. Das Leben hat über den Tod gesiegt. Das Licht hat über die Dunkelheit triumphiert. Gott hat sich als vertrauenswürdig erwiesen. Er hat Jesus nicht in der Dunkelheit zurückgelassen, sondern ihn zurück ins Licht geführt. Und unser Glaube, unsere Hoffnung ist es, dass er das auch bei uns tun wird.

Wenn die Sonne ihren Schein für uns verliert, wenn die Dunkelheit in unser Leben bricht und wir nicht einmal mehr Gottes Gegenwart erahnen können, dann ist er trotzdem da. Geht mit uns durch das Dunkel hindurch, leidet mit uns und führt uns wieder in sein Licht. Wie Jesus dürfen wir vertrauensvoll beten: Vater, in deine Hände befehle ich meinen Geist. Du hast mich erlöst, Herr, du treuer Gott. Amen.

Lied: 93,1-4 „Nun gehören unsre Herzen"

Fürbittengebet

Herr Jesus Christus,

du bist Mensch geworden und hast Leiden und Tod mit uns geteilt. Wir bitten Dich:

Für alle, in denen es dunkel ist, weil sie um einen Menschen trauern: Herr, erbarme dich.

Für alle, in denen es dunkel ist, weil Krankheit ihr Leben fest im Griff hat: Herr, erbarme dich.

Für alle, in denen es dunkel ist, weil ihnen niemand zur Seite steht: Herr, erbarme dich.

Für alle, in denen es dunkel ist, weil sie jede Hoffnung verloren haben: Herr, erbarme dich.

Herr Jesus Christus, bist durch die Dunkelheit hindurch ins Licht gegangen. Blicke voller Erbarmen auf alle, die deine Hilfe ersehnen und werde du für sie zum Licht ihres Lebens.

Vaterunser

Lied: 477,1+2 „Nun ruhen alle Wälder“

Segen

Musik zum Ausgang

Karfreitag

Glockengeläut und Musik zum Eingang

Votum
Wir feiern diesen Gottesdienst im Namen des Vaters und des Sohnes und des Heiligen Geistes. Amen.

Begrüßung und Wochenspruch
Herzlich willkommen zu diesem Gottesdienst am Karfreitag. Ein Tag der Besinnung und der Trauer. Wir setzen uns bewusst dem Gedanken an Leid und Tod aus und erinnern uns daran, dass Jesus am Kreuz starb. Da gibt es nichts zu jubeln, deshalb singen wir heute auch kein Ehr sei dem Vater. Deshalb sind die Paramente schwarz. Deshalb blasen wir die Kerzen aus. Und doch ist dieser Tag ein Tag zum Feiern, denn wir glauben, dass Jesu Tod für uns etwas zum Guten gewendet hat. Weil er stirbt, dürfen wir leben.

Joh 3,16

Lied: 87,1+3+6 „Du großer Schmerzensmann“

Lied vom Gottesknecht Jes 53,4-11

(Ehre sei dem Vater entfällt)

Kyrie

Tagesgebet

Herr, unser Gott,

wir sind hierher gekommen, um an das Leiden deines Sohnes zu denken und uns zu erinnern, wie er starb. Wir sind hier, um nachzuempfinden, was Dich Deine Liebe zu uns gekostet hat. Wir sehen auf das Kreuz und wir suchen darin Hoffnung für unser eigenes Leben. Lass uns erkennen, was das Leiden und Sterben Jesu für uns bedeutet und lass uns spüren, dass Du jetzt bei uns bist. In der Stille bringen wir Dir unsere Anliegen.

Stille

Vater im Himmel, wir danken Dir, dass Du uns in Jesus nahe bist im Leben, im Sterben und in Ewigkeit. Amen.

Schriftlesung

Wir hören die Schriftlesung, die heute zugleich Predigttext ist: Lk 23,33-46

Kerzen auslöschen

Lied: 85,1-3+7 „O Haupt voll Blut und Wunden"

Predigt

Karfreitag, das ist ein Tag der Stille und der Besinnung. Die spannungsvolle Erwartung des Gründonnerstags ist vorüber. Das Osterlachen ist noch nicht in Sicht. Wir sehen auf das Kreuz und wir setzen uns ganz bewusst den Gedanken an Schuld, Sterben und Trauer aus. Da passt es einfach nicht, dass man nebenbei fröhlich miteinander plaudert. Wie irritierend, dass das bei Jesu Kreuzigung scheinbar ganz anders war. Was da unter dem Kreuz und am Kreuz geredet wird!

Eine Stimmung ist das, fast wie auf einem Volksfest. Die unterschiedlichsten Menschen sind unter dem Kreuz zu finden und beinahe jeder hat etwas dazu zu sagen. Das Kreuz lässt keinen unberührt. Auch uns nicht. Und so reihen wir uns ein in die Menge unter dem Kreuz. Wo stehen wir? Welche Worte und Gedanken sind unsere, wenn wir den leidenden Christus betrachten?

Da sind die Soldaten, die Jesus kreuzigen. Schmerz und Tod gehören zu ihrem Alltag. Jeden Tag sehen sie Menschen leiden und sterben. Manche waren Freund, andere Feind. Irgendwann werden sie selbst an der Reihe sein. Sie haben sich damit abgefunden, dass Sterben zum Leben gehört. Ob ein Tod gerechtfertigt ist oder nicht, fragen sei schon gar nicht mehr. Jesus ist für sie nur einer von vielen. Unberührt und unbeeindruckt tun sie ihre Arbeit. Sie interessiert nur, welcher Gewinn am Ende für sie herausspringt. Gut also, wenn es einen Bonus gibt, wie das Gewand des gerade Gekreuzigten. Gut außerdem, wenn man mit den Kameraden darum spielen kann und so die Monotonie des Alltags ein wenig unterbrechen kann. So sitzen sie unter dem Kreuz und würfeln, als sie plötzlich über sich die Worte hören: „Vater, vergib ihnen! Denn sie wissen nicht, was sie tun!"

Sitze ich bei den Soldaten? Nein, denke ich. Natürlich nicht. Ich bin ganz sicher kein Soldat … wobei … so unähnlich, wie ich es mir wünsche, bin ich ihnen nicht. Ich sitze zwar nicht unter dem Kreuz, aber auf meinem Sofa. Die Nachrichten rufen mir das Leid dieser Welt entgegen, das Leiden und Sterben von Menschen durch Terror und Krieg und Hungersnot. Vielleicht flackert die Frage in mir auf, wer denn wohl Schuld ist an all dem Schmerz. Doch die globalen Zusammenhänge von wirtschaftlichen Interessen und politischen Machtspielen sind mir zu kompliziert. Ich treffe die Entscheidungen ja sowieso nicht. Und so denke ich lieber nicht darüber nach, dass ich durchaus davon profitiere, weil ich hier sicher lebe und billig einkaufen kann. Lieber esse ich unbeeindruckt mein Abendbrot und überlege mir, womit ich mich anschließend aufheitern möchte. Und auch mir gelten die Worte: „Vater, vergib ihnen! Denn sie wissen nicht, was sie tun!"

Unter dem Kreuz steht auch das Volk. Eine Menschenmenge, in der der Einzelne untergeht. Wo immer es eine Sensation gibt, ist sie zur Stelle. Neugierig schaut sie dem Geschehen zu. Sie mag den leichten Grusel, den der Gedanke verursacht, dass man selbst an Stelle des Leidenden sein könnte. Sie liebt es, die Neuigkeiten hinterher weiterzusagen und als Augenzeuge ganz besonders viele pikante Details zu kennen. Diese besondere Aufschrift am Kreuz beispielsweise. Das gab es ja noch nie! „Dieser ist der König der Juden" steht darauf. Und stimmt es nicht, dass die Hohepriester sich darüber beschwert haben? Er behauptet, er sei der König der Juden, das wollten sie geschrieben sehen. Aber Pilatus wollte sich nicht korrigieren lassen. Der wirkte sowieso so was von genervt von dem ganzen Prozess. Und die Hohepriester ... „Vater, vergib ihnen! Denn sie wissen nicht, was sie tun!" Die Worte durchbrechen das Geschwätz der Schaulustigen und bringen es abrupt zum Schweigen. Bin ich etwa eine in dieser Menge? Ich kann es nicht leugnen, so gerne ich würde. Wie oft ist mein Gerede leer und hängt sich an Nebensächlichkeiten auf? Die Augen schauen und sehen doch nur das Unbedeutende. Was tatsächlich passiert, das, was relevant ist und auch mich etwas angeht, das übersehen sie. Und so bleibe ich gerne unauffällig, verschwinde am liebsten in der großen Menge und passe mich an, ohne darüber nachzudenken. Bis auch mich die Worte erreichen: „Vater, vergib ihnen! Denn sie wissen nicht, was sie tun!"

Und dann sind da die Spötter. Sie schauen auf die armselige, leidende Gestalt, die der Sohn des allmächtigen Gottes sein will. Ein Gott, der sich in die Hand der Menschen gibt? Ein Gott, der sich umbringen lässt? Lachhaft. Nicht zu glauben. Was soll man mit so einem Gott anfangen? Gott muss stark sein und unverwundbar, ein starker Helfer in aller Not. Und so stehen die Spötter unter dem Gekreuzigten. Sie lachen ihm ihren Unglauben ins Gesicht und fordern ein Wunder: Hilf dir doch, dann glauben wir dir! An dieser Stelle fällt einer der anderen Gekreuzigten mit ein. Selbst zerrissen von Schmerz, mit der Aussicht auf den baldigen Tod, will er nur eines: herunter von diesem Kreuz und zurück in sein Leben. Seine Worte sind weniger Spott als ein Ruf der Verzweiflung, ein Schrei nach Hilfe in seinem Leid: Hilf dir und dann hilf auch mir!

Und ja, auch in ihm erkenne ich mich wieder. Wenn das Leid so groß ist, dass es keine Hoffnung mehr zulässt, dann stellt sie sich – die Frage nach Gott. Glaube ich nicht, dass er gut und allmächtig ist? Warum lässt er den Schmerz dann zu? Warum hilft er nicht? Kann er es etwa nicht? Die verständnislosen Fragen der Spötter werden zu meinen eigenen: Anderen hat er geholfen. Warum nicht mir? Warum nicht sich selbst? Es ist schwer, mein Bild von Gott immer wieder zu hinterfragen und ihn nicht so zu sehen, wie ich ihn gerne hätte, sondern so, wie er wirklich ist. Ein Gott, der mitleidet anstatt das Leid kurzerhand zu beenden. Das provoziert nicht nur Verzweiflung, sondern auch Wut. Darf man das – wütend sein auf Gott? Ja, man darf. Und sollten wir in unserer Anklage je zu weit gehen, erklingen die sanften Worte: „Vater, vergib ihnen! Denn sie wissen nicht, was sie tun!"

Es gibt auch eine andere Möglichkeit, mit dem eigenen Schmerz umzugehen. Die ist deutlich schwieriger, denn sie erfordert Selbstreflexion und Demut, große Ehrlichkeit mit sich selbst und Gottvertrauen. Und ich hoffe sehr, dass ich all das habe und einem weiteren Gekreuzigten darin ähnlicher bin als dem ersten. Auch der erleidet schlimmste Qualen. Auch er hat den sicheren Tod vor Augen. Doch er trägt sein Leid ohne ein Wort der Klage. Für ihn ist es die Stunde der Wahrheit über sich und sein Leben. Er sieht genau, welche Fehler er gemacht hat. Manche unabsichtlich, manche absichtlich. Er hat Menschen dadurch verletzt. Er hat ihnen das Leben schwer gemacht. Er war mehr auf den eigenen Vorteil bedacht, anstatt auf andere zu achten. „Schuldig!" lautet das Urteil, das nun nicht nur der Richter, sondern auch er selbst über sich spricht. Keine Ausreden. Keine Entschuldigungen. Kein Flehen um Gnade. Nur ein gnadenlos ehrlicher Blick auf sich selbst. Und ein Blick zum Nachbarkreuz. Dorthin, wo Jesus genau denselben Schmerz erleidet, obwohl er ihn ganz und gar nicht verdient hat. Der dritte Gekreuzigte sieht seine Chance: Wenn Gottes Sohn direkt neben ihm leidet; wenn er den Weg durch das Leid in den Tod mit ihm zusammen geht, dann eröffnet das vielleicht eine neue Zukunft. Und so hat er nur eine Bitte: „Jesus, denke an mich, wenn du in dein Reich kommst!“ Die Antwort gibt ihm Hoffnung und Trost: „Heute wirst du mit mir im Paradies sein.“

Wie gehe ich um mit meinem Leid und dem Leid dieser Welt? Wohin bringe ich meine Fragen und Klagen, wenn mir Gott so fremd erscheint, dass er für mich gar nicht mehr erkennbar ist? Welche Hoffnung und welcher Trost geben mir dann Halt? Die Antwort des dritten Gekreuzigten besteht aus zwei Worten: Gottesfurcht und Gottvertrauen. Gottesfurcht – das meint: Ich erkenne an, dass ich ein Mensch bin voller Fehler. Ich erkenne an, dass Gott Gott ist – souverän und nicht an meine Vorstellungen gebunden; und doch nicht kalt und distanziert, sondern mitleidend und immer an meiner Seite. Darum kann ich mich an ihm festhalten, selbst im größten Leid. Darum kann ich ihn bitten, an mich zu denken, mich nicht zu vergessen. Darum kann ich mich ihm anvertrauen. Gottvertrauen haben: so, wie der andere Mit-Gekreuzigte; so wie Jesus.

Eine ganze unerträglich lange Nacht liegt hinter ihm. Verrat und Verhör, Verurteilung und Folter hat er durchlitten. Und nun das Kreuz. Er ist am Ende. Buchstäblich: am Ende seiner Kräfte; am Ende seines Weges. Obwohl es mitten am Tag ist, wird es finster wie in der Nacht. Die Dunkelheit umfängt alles und beendet den Trubel unter dem Kreuz. Die Soldaten werden aufmerksam für das, was geschieht. Das Geschwätz der Volksmenge verstummt. Auch die Spötter müssen schweigen.

Und dann wird die Stille durchbrochen von einem lauten Schrei: „Vater, ich befehle meinen Geist in deine Hände!“ Ein Gebet des Gottvertrauens inmitten einer Situation der tiefsten Gottverlassenheit. Ein Akt der Souveränität eines scheinbar Besiegten. Doch der Anschein täuscht. Der Verurteilte erweist sich als Gerechter, der Gotteslästerer als Gottes Sohn und die Menschen unter dem Kreuz sehen nicht nur Gott und sein Handeln, sondern auch sich selbst und ihr eigenes Tun. Jesu Tod am Kreuz stellt alles in Frage und stellt alles auf den Kopf. Die Soldaten erkennen das Unrecht, das auch durch ihre Hand geschehen ist. Das gaffende Volk begreift, welche Schuld es durch seine Gedankenlosigkeit auf sich geladen hat. Die Spötter haben eine Antwort erhalten auf ihre Frage, wo Gott im menschlichen Elend zu finden ist.

Lesung: Lk 23,37-39

So viele Menschen stehen unter diesem Kreuz. Wir stehen wie die Bekannten Jesu und die Frauen, die ihm gefolgt sind, meistens in der Ferne und schauen – getrennt durch die vielen Jahrhunderte – auf sein Leiden und Sterben. Wir meinen Jesus zu kennen und bleiben doch vorsichtig auf Distanz. Was passiert, wenn wir näher herantreten? Zu welcher Gruppe stellen wir uns? Wo finden wir unseren Platz? Das Kreuz lässt keinen unberührt. Wie auch immer wir es betrachten, es wird uns verändern. Es wird unser Bild von uns selbst verändern. Es wird unser Bild von Gott verändern. Und es wird uns Hoffnung geben: nach dem Leid in dieser Welt wirst du mit mir im Paradies sein. Amen.

Lied: 81,1-4 „Herzliebster Jesu“

Fürbittengebet
Ewiger,
rätselhafter, manchmal unendlich ferner,
manchmal unerträglich naher
Gott:
Dein Sohn Jesus Christus erfährt am Kreuz alles das,
wovor wir Angst haben:
Spott und Hohn,
Beschämung und Unrecht,
Schmerz und Tod.
Alles das, was wir uns mit aller Gewalt vom Hals zu halten versuchen.
Heute erkennen wir: Das geht nicht.
Heute erkennen wir: Wir haben Anteil

an Gewalt und Tod und Zerstörung.
Wir sind Opfer, Täterinnen und Täter zugleich.
Und ahnen: Wir haben keine Zuflucht als dein unergründliches Erbarmen.[4]

Vaterunser

Lied: 548,1-3 „Kreuz, auf das ich schaue“

Abkündigungen

Segensbitte

Segen

Musik zum Ausgang

---

4 Aus: Sylvia Bukowski, Jochen Denker, Holger Pyka, Worte finden. Neue Gebete für Gottesdienst und Alltag. © 2021 Neukirchener Verlagsgesellschaft mbH, Neukirchen-Vluyn, 2. Auflage 2021, S. 31.

Osternachtsfeier

Stille

Verschiedene Sprecher sind an unterschiedlichen Positionen in der Kirche verteilt

Empore: 1. Mo 1,2

S1: In mir ist es dunkel! Ich bin einsam, auch wenn Menschen um mich sind. Ich fühle mich nicht verstanden.

S2: In mir ist es dunkel! Ich weiß nicht, wie ich den nächsten Tag überstehen soll. Die Schmerzen treiben mich an den Rand des Wahnsinns.

S3: In mir ist es dunkel! Ich kann den Erwartungen der anderen nicht entsprechen.

S1: In mir ist es dunkel! Ich wurde tief verletzt. Ich hasse!

S2: In mir ist es dunkel! Meine Heimat ist zerstört. Mein Zuhause, alles, was mich ausmacht, existiert nicht mehr.

S3: In mir ist es dunkel! Ich habe Angst vor der Zukunft.

S1: Krieg

S2: Klimakrise

S3: Soziale Kälte

Stille

E: 1. Mo 1,3

Osterkerze wird entzündet, reingetragen und aufgestellt.

Eine Person stimmt an „Christus, dein Licht" oder eine andere kurze Lichtstrophe. Die Strophe wird beliebig oft wiederholt (mindestens 5x).

S1: Von der Dunkelheit ins Licht.

S2: Aus der Sklaverei in die Freiheit.

S3: Vom Tod ins Leben.

E: 2. Mo 13,17-22

S1: Freiheit bedeutet nicht, dass alles einfacher wird.

S2: Probleme gehen nicht einfach weg durch das Licht.

S3: Aber was wahr ist am Tag bleibt auch wahr in der Nacht!

Lied: Rend Collectiv „Weep with me" *von Band oder mit Band – wenn nötig kann eine Übersetzung vorgelesen werden.*

E: Lk 15,11-32

S1: Ich war tot, aber nun bin ich wieder lebendig. Mein Leben lag in Scherben, aber jetzt klebe ich mit Jesus alles wieder zusammen.

S2: Ich war tot, aber nun bin ich wieder lebendig. Meine Krankheit treibt mich in den Wahnsinn, aber ich jeder schmerzfreie Tag ist ein Funken Hoffnung auf ein Leben bei Gott.

S3: Ich war tot, aber nun bin ich wieder lebendig. Jesus gibt mir Zuversicht in einer dunklen Zeit.

E: Mk 16,1-8

P: Der Herr ist auferstanden!

S1: Von der Dunkelheit ins Licht.

S2: Aus der Sklaverei in die Freiheit.

S3: Vom Tod ins Leben.

E: Joh 8,12

Die Lichtstrophe wird erneut angestimmt. Nun werden an der Osterkerze die eigenen Kerzen entzündet bis die Kirche durch die Flammen erleuchtet ist. Bis die letzte Kerze brennt, wird gesungen.

P: Wir feiern die Auferstehung Jesu. Heute wollen in diesem Gottesdienst x und y ihren Glauben Ausdruck verleihen. Durch die Taufe vollzieht Ihr das für Euch nach: Euer Leben ohne Gott wird ertränkt und Ihr bekommt das neue Leben in Jesus, seine Freiheit und sein Licht zu spüren.

Deshalb taufen wir mit Wasser. *Wasser aus der Taufkanne in das Taufbecken schütten.* Es ist ein Zeichen für den Tod, aber auch für Leben. Wasser kann bedrohlich sein. Ohne Wasser ist Leben aber nicht möglich.

Wir sprechen über den Täuflingen den Namen des dreieinigen Gottes aus. *Wasser aus der Taufkanne in das Taufbecken schütten.* Damit gehört Ihr zur Familie Gottes und wir nehmen Euch in die Gemeinde auf.

Wir legen euch die Hand auf und segnen Euch. *Restliches Wasser aus der Kanne in das Taufbecken schütten.* Wir befehlen Euch damit Gott an. Ihr seid damit in seinem Verantwortungsbereich.

Lasst uns gemeinsam mit den Täuflingen zu Gott bekennen.

Glaubensbekenntnis

Tauffragen

Ihr habt mit uns euren Glauben bekannt, nun frage ich Dich, x, willst Du auf diesen Glauben getauft werden, so antworte: Ja! *Mit allen Täuflingen einzeln wiederholen.*

Wollt ihr in diesem Glauben leben, bei Zweifeln mit Gott ringen und den Glauben für andere spürbar machen? So antwortet: Ja, mit Gottes Hilfe!

Gott gebe Euch zum Wollen das Vollbringen!

(Ich frage Euch Eltern und Paten: Wollt Ihr diesen Menschen begleiten auf dem Weg mit Gott, bei Fragen ein offenes Ohr haben und gemeinsam im Gebet sein, so antwortet: Ja, mit Gottes Hilfe!)

Taufe

Bei der Taufe wird allen Täuflingen ihr Taufvers zugesprochen.

Wir zünden an der Osterkerze Eure Taufkerzen an. Sie können Euch leuchten in der Finsternis und Euch daran erinnern, dass Gott bei Euch ist.

Hier kann ein Segenslied gesungen werden

Segnung

Die Täuflinge und ihre Familien stellen sich vor den Altar mit Blickrichtung zum Kreuz. Dahinter versammeln sich Freunde, Gemeinde und wer den Täuflingen etwas Gutes mitgeben möchte. Alle legen eine Hand auf Kopf und Schultern der Täuflinge. Je nach Gemeindekultur kann frei gebetet werden oder die Pfarrperson spricht einen Segen:

Gott segne Euch,
der Vater, der Euch wunderbar gemacht hat;
der Sohn, der Euch liebt und für Euch den Tod besiegt hat
und der Heilige Geist, der Euch immer wieder Kraft und Glauben gibt.

Tauferinnerung

Im Hintergrund spielt Musik. Alle sind eingeladen, einzeln zum Taufstein zu kommen. Wer nicht getauft ist, hält seine Hand auf der Brust und bekommt einen Segen. Mit dem Taufwasser wird allen Getauften ein Kreuz auf die Stirn gemalt und zugesprochen:

Du bist getauft! Du gehörst zu Christus!

S1: Von der Dunkelheit ins Licht.
S2: Aus der Sklaverei in die Freiheit.
S3: Vom Tod ins Leben
S1: Nicht nur in meiner Einsamkeit, sondern auch in Deiner!
S2: Nicht nur in meiner Krankheit, sondern auch in Deiner!
S3: Nicht nur in meinen Konflikten, sondern auch in Deinen!
S1: Wie kann ich Dir gut tun?
S2: Was willst du, dass ich Dir tue?
S3: Was brauchst Du?
E: 1. Tim 2,1

S1: Jesus, wir bitten um Dein Licht in dieser dunklen Welt.

Stille

S2: Jesus, wir bitten, mach uns frei und hilf uns, andere zu befreien.

Stille

S3: Jesus, du lebst, schenk uns Leben in Fülle!

Stille

E: Vater unser im Himmel...
P: So geht in diesen Tag als Gesegnete Gottes!
Der Herr segne Dich und behüte dich...
Fröhliche Musik zum Ausgang („Christ ist erstanden")

Vaterunser

Segensbitte: 99 „Christ ist erstanden"

Segen

Musik zum Ausgang

Ostersonntag

Glockengeläut und Musik zum Eingang

Lied: 116,1-3 „Er ist erstanden, Halleluja"

Votum
Wir feiern diesen Gottesdienst im Namen des Vaters und des Sohnes und des Heiligen Geistes. Amen.

Begrüßung und Wochenspruch
Herzlich willkommen zum Gottesdienst! Heute ist Ostern, ein Fest zum Feiern und zum Staunen. Wir feiern, dass das Leben stärker ist als der Tod. Und wir staunen, wie das möglich ist. Wir glauben, dass es wahr ist, wenn Jesus von sich selbst sagt:

Offb 1,18

Und deshalb können wir heute Morgen fröhlich mit allen Christen auf der Welt bekennen:
Der Herr ist auferstanden! Er ist wahrhaftig auferstanden!

Entzünden der Osterkerze

Die Kerzen auf dem Altar erinnern uns mit ihrem hellen Schein daran, dass Gott bei uns ist. An der Seite steht eine weitere Kerze. Sie ist besonders schön geschmückt: die Osterkerze. Sie erzählt davon, dass Jesus auferstanden ist und dass sein Licht unser Leben hell macht. Sein Licht leuchtet uns, wenn Krankheit, Angst und Traurigkeit unser Leben verdunkeln. Es leuchtet uns, wenn der Tod seine Schatten auf unser Leben wirft. Und es erinnert uns daran, dass Jesus auferstanden ist und die Macht des Todes besiegt hat. Jesus ist das Licht unseres Lebens. Darum zünden wir die Osterkerze nicht nur heute an, sondern fast immer, wenn wir Gottesdienst feiern.

Jesus Christus – Anfang und Ende – sein ist die Zeit und die Ewigkeit – sein ist die Macht und die Herrlichkeit in Ewigkeit.

Psalm 113 und Ehre sei dem Vater

Kyrie: 178.7 „Oster-Kyrie“

Gloria

Tagesgebet
Allmächtiger Gott,

wir loben Dich voller Freude an diesem Osterfest. Wir hören es heute wieder neu: Du hast den Tod besiegt, die Trauer vertrieben und uns Hoffnung geschenkt. Wir singen Dir unsere Osterlieder. Fröhlich und triumphierend. Zweifelnd und fragend. Hoffnungsvoll und bittend. Komm zu uns, begegne uns mit der Kraft der Auferstehung, damit wir glauben können: Es ist wahr. Jesus ist auferstanden. Das Leben hat gesiegt, damals und heute und in Ewigkeit.

Wir beten weiter in der Stille.

Stille
Vom Aufgang der Sonne bis zu ihrem Niedergang sei gelobet der Name des Herrn! (Ps 113,3)

Schriftlesung: Mt 28,1-10

Glaubensbekenntnis

Lied: 99 „Christ ist erstanden“

Predigt

1. Ein Osterlied

Wie klingt Ostern? Schwierige Frage. Wie Weihnachten klingt, haben wir gleich im Ohr. Das klingt nach „O du fröhliche“, „Stille Nacht, heilige Nacht“ und „Süßer die Glocken nie klingen“. Wenn's sein muss, klingt es außerdem noch nach dem Dauerschlager „Last Christmas I gave you my heart.“ der Gruppe Wham. Aber nur wenn's sein muss. Was wohl nur wenige wissen: Es gibt das Gerücht, dass der Text ursprünglich „Last Easter I gave you my heart“ lautete. Also: Beim Letzten Osterfest gab ich dir mein Herz. Die Plattenfirma drängte darauf, das zu ändern. Sie war der Meinung: Ostern hat einfach nicht die richtige Stimmung für ein Herzschmerz-Liebeslied. Weihnachten schon eher. An Weihnachten sind wir kollektiv in sehnsuchtsvoller Stimmung. Da erinnern wir uns an die schönen Zeiten von früher, schauen uns die scheinbare heile Welt der Krippenfiguren unterm Weihnachtsbaum an und hören gerne Lieder, die dieses Gefühl von Liebe und Geborgenheit unterstützen. An Ostern ist das anders. Ostern ist irgendwie schwer zu greifen. Was feiern wir denn? Ein Frühlingsfest mit bunten Eiern und putzigen Hasen? Nein, natürlich nicht. Wir feiern die Auferstehung. Aber wie klingt Auferstehung? Es gibt ja durchaus ein paar klassische Osterlieder, aber die klingen ganz unterschiedlich – je nachdem, wer sie singt. Bei manchem erklingt das “Christ ist erstanden“ ganz laut und triumphierend, voller

Gewissheit, dass der Tod besiegt ist. Bei einem anderen klingt das „Halleluja" eher leise und zaghaft, so als wäre er gar nicht so sicher, ob man das mit der Auferstehung wirklich glauben kann. Richtige Schlager, die in der Osterzeit im Radio rauf und runter laufen und in uns österliche Gefühle wecken, gibt es gar nicht. Wir wollen ja schließlich niemanden mit unserem Glauben brüskieren. Im Gottesdienst kann man, wenn's sein muss, schon mal laut und fröhlich Halleluja singen. Aber in aller Öffentlichkeit? Lieber nicht.

Klingt Ostern also gar nicht? Oh doch! Aber es klingt nicht eindeutig, sondern vielstimmig. Es klingt nach Freude und Leid, nach Hoffnung und Sehnsucht, nach Glaube und Zweifel. Eine Stimme, die uns heute ihr Osterlied singt, ist die von Hanna, der Mutter des großen alttestamentlichen Propheten Samuel. Lange bevor Jesus geboren und auferstanden ist, singt sie dieses Loblied: 1Sam 2,1-8

2. Hannas Lied

Klingt so Ostern? Machtvoll, triumphierend und voller Hoffnung, ein jubelndes Siegeslied, das von einer Auferstehung mitten im Leben erzählt. Aber dazwischen sind auch ein paar schiefe Töne. Sie erinnern an die Trauer, das Leid und die Ungerechtigkeit, die Hanna erlebt hat. Diese schiefen, klagenden Töne waren lange, lange Jahre Hannas Lebenslied. Immer wieder waren ihre Hoffnungen enttäuscht worden. Dabei hatte sie gar keine großen Erwartungen an das Leben. Alles, was sie sich wünschte, war ein Kind. Seit sie mit Elkana verheiratet war, wartet sie darauf, schwanger zu werden. Doch Jahr um Jahr verging und nichts geschah. Monat für Monat hoffte sie. Jedes Mal wurde sie wieder enttäuscht. Ihre Lebensfreude schwindet und die Selbstzweifel werden immer quälender: Was stimmt nicht mit mir? Was mache ich falsch? Warum bin ich es nicht wert, mit einem Kind beschenkt zu werden? Hanna betet und klagt und trauert. Ihr Mann versucht sie zu trösten, aber so ganz versteht er ihr Elend nicht. Allerdings hat er ja auch Kinder mit seiner zweiten Frau Peninna. Und die wiederum sorgt dafür, dass Hanna jeden Tag sieht, was sie nicht hat. Ständig ruft sie Hanna ins Gedächtnis, wie nutzlos sie ist. Als Frau, die für den Erhalt der Familie zu sorgen hat, hat sie komplett versagt. In einer Zeit, in der Kinder die Altersvorsorge sind, sieht die kinderlose Zukunft rabenschwarz aus. Hanna ist am Ende. Sie kann nicht mehr. In ihrer Not flüchtet sie sich in den Tempel, wirft sich vor Gott nieder und klagt ihm ihr Leid. Und Gott hat Mitleid mit Hanna. Er schenkt ihr einen Sohn. Samuel, nennt Hanna ihn. „Er ist vom Herrn erbeten". Wenn sie ihr neugeborenes Kind anschaut, erkennt sie Gottes Macht. Gott hat Hanna ein neues Leben geschenkt. Die ehemals düstere Zukunft liegt nun strahlend hell vor ihr. Hanna liegt nicht länger am Boden, sondern steht da: aufrecht, mit hoch erhobenem Kopf und voller Würde. Das Kind in ihren Armen straft alle Spötter Lügen. Aus Hannas Klage wird Jubel und aus der Trauer überschäumende Freude. Und darum singt sie ihr Lied. Machtvoll, triumphierend, voller Hoffnung erzählt es von ihrer Auferstehung mitten im Leben. Es lobt Gott, der seine Menschen nicht der Verzweiflung überlässt, sondern an der Seite der Verachteten ist und ihnen Gerechtigkeit widerfahren lässt. Der Gott, der Macht über Leben und Tod hat, hat auch die Macht, diese Welt zu verändern. Der HERR erfüllt mein Herz mit großer Freude, er richtet mich auf und gibt mir neue Kraft! So klingt Ostern!

2. Das Lied der Frauen am Grab

Klingt so Ostern? Es kann auch ganz anders klingen: erschrocken, staunend, eine Mischung aus Freude und Furcht. Die Frauen am Grab singen kein lautes Halleluja. Sie singen gar nichts, sondern verstummten erst einmal vor Schreck. Als sie sehen, dass der Stein weggerollt ist, bleiben sie wie vom Blitz getroffen stehen. Sie sehen das leere Grab und der Verstand weigert sich zu begreifen, was hier geschehen ist. Wie soll man auch verstehen, was jeglicher Erfahrung widerspricht? Wie soll man glauben, was jeglicher Logik widerstrebt? Und so ist da nur erschrockenes Schweigen, in dem unausgesprochen all die Fragen stehen, die Menschen bis heute angesichts der Auferstehung stellen: Wie ist das möglich? Warum hat Gott Jesus zuerst sterben lassen, um ihn dann wieder aufzuerwecken? Was bedeutet das für diese Welt? Und was bedeutet es für uns, die wir uns so sicher waren, dass der Tod das Ende ist? Alles gerät ins Wanken. Nichts ist mehr wie es war. Nichts ist mehr sicher. Welche Macht hat dieser Gott, dass sich ihm sogar der Tod ergeben muss! Wenn die Auferstehung möglich ist, dann ist alles möglich. Kein Wunder, dass die Frauen am Grab erschrocken und voller Furcht sind! Sie brauchen die Hilfe des göttlichen Wortes, um das Geschehen zu begreifen. Sie brauchen jemanden, der ihnen hilft, die nächsten Schritte zu gehen. Unsicher, staunend machen sie sich auf den Weg zu den Jüngern. Sie wissen nicht so genau: Sollen sie sich freuen? Sollen sie sich fürchten? Erst als Jesus selbst ihnen begegnet, beginnen sie das große Wunder der Auferstehung zu begreifen. Die Furcht lässt nach und eine übersprudelnde Freude erfüllt sie. Fürchtet euch nicht! So klingt Ostern!

3. Unser Lied?

Wie klingt Ostern? Wie klingt es heute bei uns? Machtvoll, triumphierend, voller Hoffnung? Oder erschrocken, staunend, eine Mischung aus Freude und Furcht? Singen kann nicht, wem die Trauer die Kehle zuschnürt. Singen kann auch nicht, wem vor Angst die Luft wegbleibt. Singen kann nur, wer Trauer und Angst besiegt hat. Singen kann, wer am Boden lag und dann mit Gottes Hilfe auferstanden ist, mitten im Leben. Amen.

Lied: 302,1+5+8 „Du meine Seele singe“

Fürbittengebet

Allmächtiger Gott,

staunend und hoffend, fragend und zweifelnd singen wir Dir unsere Osterlieder. Wir versuchen, das Wunder der Auferstehung zu begreifen. Wenn Du den Tod besiegt hast, dann ist alles möglich. Wir bitten Dich: hilf uns zu glauben, dass es wahr ist. Hilf uns zu vertrauen, dass Du für uns sorgst. Und wenn wir am Boden liegen, dann lass uns auferstehen – mitten im Leben.

Wir beten für alle, die taub geworden sind für dein Lob, weil der Lärm dieser Welt alles andere übertönt. Gib ihnen Augen, die deine Wunder sehen, damit sie Dir neue Lieder singen.

Wir beten für alle, die dein Lob singen gegen die Angst, gegen das Unrecht und das Elend, und die in deinem Namen handeln. Gib ihnen Kraft, weiterhin mutig ihre Stimme zu erheben. Sorge Du selbst für Gerechtigkeit.

Wir beten für alle, deren Lieder Klagelieder sind, Klagen über Krankheit, Leid und Tod; Klagen um die Opfer von Krieg und Terror; Klagen und Fragen nach dir. Gib ihnen Gewissheit, dass Du sie nicht verlassen hast und Trost, der sie stärkt. Verwandle ihre Klage in Freude.

Wir beten für unsere Kinder, die unbekümmert singen von dir und von dem, was sie gerade empfinden. Gib ihnen ein unerschütterliches Vertrauen in dich.

Wir bitten dich für unsere Kirchen, dass sie mutig dein Lob singen und deine Auferstehung verkündigen. Lass uns Deine Wunder sehen und erfülle uns mit Begeisterung, dass wir nicht aufhören, Dich mit unseren Liedern zu preisen.

Wir beten gemeinsam:

Vaterunser

Lied: 115,1+5+6 „Jesus lebt, mit ihm auch ich“

Abkündigungen

Segensbitte

Segen

Musik zum Ausgang

Ostermontag

Glockengeläut und Musik zum Eingang

Lied: 112,1-3 „Auf, auf, mein Herz mit Freuden“

Votum
Wir feiern diesen Gottesdienst im Namen des Vaters und des Sohnes und des Heiligen Geistes. Amen.

Begrüßung und Wochenspruch
Herzlich willkommen zum Gottesdienst! Wir feiern weiter Ostern. Wir feiern das Leben – Leben, das stärker ist als der Tod.

Gibt es das? Kann man das wirklich glauben, dass mit dem Tod nicht alles aus ist? Dass die Gräber auf unseren Friedhöfen nicht das Ende bedeuten? Man kann, denn es gab einen, der von den Toten zurückkam:

Offb 1,18

Und deshalb können wir heute Morgen fröhlich mit allen Christen auf der Welt bekennen: Der Herr ist auferstanden! Er ist wahrhaftig auferstanden!

Psalm 118 und Ehre sei dem Vater

Kyrie

Gloria 99 „Christ ist erstanden"

Tagesgebet

Du Gott des Lebens,

du hast den Tod besiegt. Am ersten Ostermorgen war das Grab leer. Jesus ist auferstanden und wir hoffen, dass auch wir einmal auferstehen werden. Doch jedes Grab, an dem wir stehen, zieht unsere Hoffnung in Zweifel. Jede Krankheit, die uns bedroht, demonstriert uns die Macht, die der Tod noch immer über uns hat. Begegne uns selbst als der Auferstandene, damit wir erkennen und glauben: Es ist wahr. Du hast Jesus aus dem Tod ins Leben gerufen und du schenkst auch uns das Leben. Wir beten weiter in der Stille.

Stille

Ich werde nicht sterben, sondern leben und des Herrn Werke verkündigen. (Ps 118,17) Amen.

Schriftlesung: Mk 16,1-8

Glaubensbekenntnis

Lied: 116,1+4+5 „Er ist erstanden, Halleluja"

Predigt

Die Ostereiersuche gehört zu Ostern einfach dazu. Sobald der menschliche Osterhase sein Werk vollbracht hat und alle bunten Eier, Nestchen und Geschenke versteckt sind, geht es los. Dann wandern die Kinder und manchmal auch die Erwachsenen ziellos durch den Garten oder die Wohnung und versuchen, möglichst schnell die verschiedenen Verstecke aufzustöbern. Wer damit schon einige Erfahrung hat, wird meist recht schnell fündig. Es gibt Verstecke, die sind jedes Mal gut gefüllt. Wer Pech hat, findet darin allerdings nur Geschenke, die für andere bestimmt sind. Dann heißt es möglichst unauffällig so tun, als hätte man nichts gefunden und weitersuchen. Wenn der Osterhase gut war, kann das eine ganze Weile dauern: Blitzt da nicht ein rotes Geschenkpapier hervor? Nein, doch nicht. Und dieser gelbe Schimmer, ist der möglicherweise ein Osternest? Nein, auch nicht. Also geht die Suche weiter. Weiter und weiter läuft man umher. Man krabbelt auf dem Boden herum, späht um Ecken und streckt sich, um in höheren Lagen mögliche Hinweise zu entdecken. Wenn man trotz alledem immer noch nichts findet, hat der Osterhase hoffentlich nach einer Weile Erbarmen und hilft mit einem gezielten „Warm" oder „Kalt" weiter. Bis, ja bis das Gesuchte endlich gefunden ist. Dass wir das richtige Geschenk in Händen halten, erkennen wir daran, dass unser Name darauf steht.

Seit Ostern bekennen wir, dass Jesus lebt und dass er bei uns ist – jetzt, hier, in dieser Kirche. Und wir glauben, dass er mit uns geht, wenn wir nachher nach Hause gehen, wenn wir uns mit Familie und Freunden treffen oder wenn wir in ein paar Tagen wieder in unserem Alltag angekommen sind. Aber woher wissen wir, dass Jesus wirklich da ist? Woran erkennen wir, dass er bei uns ist? Manchmal geht es uns dann wie beim Ostereiersuchen. Wir halten Ausschau nach ihm und haben doch das Gefühl, wir drehen uns nur im Kreis und finden ihn nicht. Neben uns erzählen andere begeistert davon, was sie mit Jesus alles erlebt haben und wie sie Gott begegnet sind. Und wir selbst stehen mit leeren Händen da und suchen weiter nach Hinweisen auf seine Gegenwart und finden ihn doch nicht. Wie finden wir den Auferstandenen? Und woran erkennen wir, dass wir ihn gefunden haben? Der Predigttext für heute Morgen hat für uns ein paar Hinweise, worauf wir achten können, um ihn zu entdecken. Der Evangelist Lukas erzählt: Lk 24,13-35

Wie finden wir den Auferstandenen? Und woran erkennen wir, dass wir ihn gefunden haben? Im Grunde ist es ein bisschen wie beim Ostereiersuchen. Drei Hinweise, die uns weiterhelfen: 1. Schau genau hin! 2. Such an den üblichen Orten. 3. Lass dich überraschen.

Der erste Hinweis: Schau genau hin! Wie oft laufen wir beim Ostereiersuchen dreimal an der gleichen Stelle vorbei und finden das Ei nicht, obwohl es ziemlich offensichtlich direkt vor unserer Nase liegt! Irgendwie scheinen wir in dem Moment blind dafür zu sein. Genauso geht es uns mit Jesus manchmal auch. Er ist direkt neben uns und trotzdem erkennen wir ihn nicht. Als wären wir blind, können wir ihn einfach nicht in unserem Leben entdecken. Und trotzdem ist er da. So, wie er bei den Jüngern war, die Richtung Emmaus unterwegs waren. Auch sie haben ihn nicht erkannt. Wie hätten sie auch? Der Auferstandene trug kein Namensschild und er sah offensichtlich anders aus, als sie ihn kannten. Außerdem rechneten die beiden Jünger überhaupt nicht damit, dass er lebte. Sie hatten seinen Tod miterlebt. Sie hatten ihn begraben. Sie trauerten um ihn. Sie waren sich trotz der beunruhigenden Tatsache, dass das Grab leer war, ziemlich sicher, dass Jesus noch immer tot war. Es lag also vollkommen außerhalb ihrer Vorstellungskraft, dass er neben ihnen herging. Und wie oft geht es uns genauso? Wir rechnen schlicht nicht damit, dass Gott bei uns ist oder haben eine völlig falsche Vorstellung von ihm: Wir vermuten ihn weit weg im Himmel und dabei ist er direkt neben uns. Wir befürchten, dass er kein Interesse an uns hat, dabei kennt er unsere geheimsten Gedanken und wartet darauf, dass wir mit ihm reden. Wir wünschen uns, dass er uns mit einem Wunder hilft, doch er gibt uns Kraft, das Schwere in unserem Leben zu tragen. Und weil er nicht unseren Vorstellungen entspricht, erkennen wir ihn nicht. Und dabei ist er da und geht mit uns. Deshalb: Schau genau hin! Vielleicht geht es uns wie den Jüngern und wir können Jesus nicht erkennen, obwohl er bei uns ist.

Und wenn wir nicht fündig werden? Dann halten wir uns an den zweiten Hinweis: Such an den üblichen Orten. Beim Ostereiersuchen gibt es Verstecke, die sich über die Jahre bewährt haben: Da ist im Garten dieser eine Busch mit den dichten Zweigen, zwischen die man perfekt Geschenke stecken kann, und hinter die Regentonne passt ein kleines Päckchen. Oder wenn man drinnen sucht, bietet sich der Platz hinter dem Sofa, unter dem Sofa oder zwischen den Büchern im Regal an. Nicht in jedem Versteck findet sich immer ein Geschenk. Aber die Wahrscheinlichkeit, dort etwas zu finden, ist jedes Mal hoch. Wenn wir Jesus suchen, gibt es ebenfalls Orte, an denen wir ihn mit hoher Wahrscheinlichkeit finden. Sie sind nicht geheim, sondern bekannt und bewährt. Da ist zum Beispiel das Gebet. Wenn wir mit ihm reden, dann hört er uns zu und antwortet uns – so wie er es auf dem Weg mit den Jüngern getan hat. Wie sie können wir ihm sagen, worüber wir traurig sind, was uns enttäuscht hat. Aber auch unsere Hoffnungen und Wünsche haben im Gebet ihren Platz. Und natürlich unsere Fragen. Es gibt so vieles, das wir nicht verstehen. Und ja, oft bekommen wir keine Antwort darauf – oder zumindest nicht die Antwort, die wir uns wünschen. Manchmal finden wir Antworten in der Bibel. Es ist kein Wunder, dass Jesus den beiden Jüngern die Schrift auslegt. Er erinnert sie an Gottes Wort und hilft ihnen, diese Worte zu verstehen. Auf einmal erkennen sie, was die alten Worte der Propheten mit ihren Erfahrungen zu tun haben. Und so begegnet er auch uns. Wenn wir in der Bibel lesen, oder eine Predigt hören oder mit anderen darüber reden, dann können wir erleben, wie diese alten Worte ganz aktuell zu uns sprechen und direkt in unser Leben hineinreden. Auf einmal verstehen wir sie völlig neu. Und wir spüren: es ist Gott selbst, der gerade zu uns spricht. Und dann wird uns ganz warm ums Herz. Oft geschieht das im Gottesdienst, in der Gemeinschaft mit anderen; wenn wir miteinander Gott loben, auf sein Wort hören und miteinander Abendmahl feiern. An den üblichen Orten zu suchen, ist also ein guter Anfang, wenn wir Jesus finden wollen. Aber natürlich finden wir ihn nicht nur dort.

Der dritte Hinweis lautet: Lass dich überraschen. Manchmal enttäuschen wir beim Ostereiersuchen unseren Osterhasen, indem wir aus Versehen auf Anhieb das Geschenk finden. Wir können gar nicht so richtig sagen, was uns auf die richtige Fährte gesetzt hat. Wir laufen los und stehen auf einmal direkt davor. Wenn wir Jesus suchen, finden wir ihn manchmal auch vollkommen unerwartet. Manchmal suchen wir ihn nicht einmal. Wie die Jünger, die mit ihm das Brot teilen und auf einmal erkennen: Er ist da. Und denen auf einmal klar wird, dass er schon die ganze Zeit bei ihnen war. Doch noch während sie diese Erkenntnis realisieren, ist Jesus auch schon wieder verschwunden. Diese Momente, in denen wir ganz sicher spüren und wissen: Jesus ist da. Gott ist bei uns. Sie sind kostbar und flüchtig. Wir können sie nicht herbeizwingen und wir können sie nicht festhalten. Sie sind Geschenke. Manchmal erleben wir diese Momente ganz unvermittelt, ohne sie gesucht zu haben. Manchmal finden wir sie nach einem langen, anstrengenden Weg, auf dem wir uns alleingelassen gefühlt haben. Sie erinnern uns daran, dass wir nie allein waren, weil Jesus die ganze Zeit an unserer Seite war. Und sie erinnern uns daran, die Augen offen zu halten, weil er uns mit seiner Gegenwart immer wieder überrascht.

Die Ostereiersuche gehört zu Ostern einfach dazu. Sie ermutigt uns, nicht nur nach bunten Eiern und Geschenken zu suchen, sondern uns auch auf die Suche nach dem Auferstandenen zu machen. Drei Hinweise helfen uns in beiden Fällen weiter: 1. Schau genau hin! 2. Such an den üblichen Orten. 3. Lass dich überraschen. Ich wünsche Ihnen, dass Sie finden, was Sie suchen. Amen.

Lied: 562,1-4 „Jesus, Jesus, Brunn des Lebens“

Fürbittengebet

Jesus Christus,

du bist auferstanden. Du lebst und du begegnest uns. Im Gespräch mit dir, in deinem Wort und in der Gemeinde finden wir dich. Wir bitten dich: wenn wir dich suchen, dann lass dich von uns finden. Lass es uns erleben, damit wir wissen: Es ist wahr. Du lebst und du bist bei uns.

Wir bitten dich für alle, die dich nicht finden können, weil die Schrecken deine Gegenwart verdecken. Krieg und Katastrophen, Krankheit und Tod scheinen zu beweisen, dass du nicht da bist. Begegne denen, die dich suchen und schenke ihnen deinen Trost und deine Hoffnung.

Wir bitten dich für alle, die nicht mit dir rechnen, weil sie dich in ihrem Alltag vergessen haben. Das Leben gelingt auch ohne dich und schnell vergessen wir, dass du da bist und nach uns suchst. Begegne denen, die dich nicht suchen, und schenke ihnen deine Nähe und deine Liebe.

Wir bitten dich für alle, die nach dir Ausschau halten, weil sie dir vertrauen. Überall auf der Welt feiern Christen heute Ostern und teilen miteinander ihren Glauben an dich. Begegne uns, die wir dich suchen, und schenke uns deine Gegenwart und einen starken Glauben. Wir beten gemeinsam:

Vaterunser

Lied: 115,1+5+6 „Jesus lebt, mit ihm auch ich"

Abkündigungen

Segensbitte: 118 „Der Herr ist auferstanden"

Segen

Musik zum Ausgang

Andacht für den Gemeindekirchenrat

zu Joh 20,19

Hier sitzen wir wieder einmal in vertrauter Runde. Wie haben wir einander beim Eintreten begrüßt? „Guten Abend!" oder kürzer noch: „Abend." Oft gehört – ob abends oder morgens: „Hallo!" Selten hört man: „Grüß Gott!" Witzbolde antworten dann augenzwinkernd: „Wenn ich ihn sehe" oder „Lieber nicht so bald!". Dabei ist der Gruß ebenfalls eine Kurzform und lautet eigentlich: „Es grüße euch Gott!" Und das grüßen bedeutete einst segnen. „Grüß Gott" heißt also: „Gott segne dich!" Und das ist doch mal ein wunderbarer Wunsch, den man einem lieben Menschen beim Wiedersehen – und auch beim Verabschieden – weitergeben kann.

Der auferstandene Jesus grüßt seine Jünger ganz ähnlich, als er ihnen das erste Mal begegnet. „Friede sei mit euch!", wünscht er ihnen. Und sie schauen ihn erschrocken und zweifelnd an. Eigentlich hatten sie ja gedacht, er sei tot. Die Frauen hatten zwar erzählt, er sei auferstanden. Aber wer kann das schon glauben? Also haben sie sich versteckt. Erst mal abwarten, bis sich die Lage beruhigt hat. Und dann langsam überlegen, wie man weitermachen kann. Aber als sie noch miteinander diskutieren, steht Jesus plötzlich vor ihnen. Sie sehen ihn. Und sie hören ihn: „Friede sei mit euch!", sagt er. Das meint: „Habt keine Angst!" Und weil sie ihn immer noch irritiert anschauen und überlegen, ob das nun real ist, grüßt Jesus sie noch einmal: „Friede sei mit euch!" Und er wünscht ihnen damit: „Gott nehme Euch die Angst und mache eure Herzen ruhig. Er nehme euch den Zweifel und mache euch gewiss, dass er bei euch ist. Er nehme euch die Unsicherheit und zeige euch, was ihr als nächstes tun sollt. Gott schenke euch seinen Frieden." Was für ein Wunsch! Und weil Jesus sicher ist, dass Gott diesen Wunsch erfüllen wird, gibt er seinen Jüngern anschließend einen Auftrag: „Wie mich mein Vater gesandt hat, so sende ich euch!", sagt er. Also: „Steht auf, wagt euch aus eurem Versteck und dann baut Gemeinde. Keine Angst! Ich gebe euch alles, was ihr dafür braucht."

„Friede sei mit euch!" Dieser Gruß gilt auch uns. Vielleicht geht es uns ganz ähnlich wie den Jüngern, wenn wir uns heute wieder damit beschäftigen, wie es mit unseren Gemeinden weitergehen soll. Es wird Veränderungen geben, das ist klar. Es wird Protest in den Gemeinden geben, das ist auch klar. Und was machen wir? Uns verstecken, hoffen, dass sich die Lage beruhigt? Oder schon zaghaft überlegen, wie das in Zukunft weitergehen kann? „Friede sei mit euch!", sagt Jesus. „Gott nehme euch die Angst und mache eure Herzen ruhig. Er nehme euch den Zweifel und mache euch gewiss, dass er mit euch geht. Er nehme euch die Unsicherheit und zeige euch, was ihr als nächstes tun sollt. Gott schenke euch Frieden. Und dann geht hin! Wagt euch aus eurem Versteck und baut Gemeinde! Keine Angst! Ich gebe euch alles, was ihr dafür braucht." Amen.